W0072978

CLEMENS MEYER

ÜBER

CHRISTA WOLF

KIEPENHEUER
& WITSCH

Klar, wir können mit den Toten reden, jeden Tag. Die Frage ist, ob sie uns antworten. Ob wir sie hören können. Clemens Meyer spricht immer wieder mit der verstorbenen Christa Wolf, spricht mit ihrer Büste, die auf dem Fensterbrett seines Arbeitszimmers steht. Er spricht mit ihr und beschwört die Erinnerungen an ihre Bücher, ihre Vorlesungen, ihre Reden, bis sie antwortet und mit ihr viele andere Dichter der untergegangenen DDR. Die Büste lebt.

Clemens Meyer führt uns in seinem Text über Christa Wolf in ein Traumreich der Dichtung. Er führt uns in die Urgründe seines eigenen Werkes, in die Zeit, als er begann, die ersten Entwürfe für seinen fantastischen Ursprungs-Roman »Als wir träumten« zu schreiben, dieses Buch über die ungeheuren Möglichkeiten des Scheiterns, Kämpfens, Trinkens und Träumens in den Nachwendejahren von Leipzig. Und er beschreibt, wie Christa Wolfs Buch »Kindheitsmuster«, das er in seinen frühen

Bauarbeiterjahren jeden Tag mit auf die Baustellen brachte, um darin zu lesen oder es einfach bei sich zu haben, wie die Lektüre dieses Textes in sein eigenes Leben und Schreiben einfloss, ganz von selbst. Wie er sich in die Figuren der Werke Wolfs verliebte und diese später in Figuren seiner eigenen Texte verwandelte.

Ja, Clemens Meyer betreibt in diesem Buch im Grunde gleich eine doppelte Beschwörung: Er beschwört einerseits in einer Soap-Opera des Ostens die Erinnerung an so viele große Werke, so viele große Autoren, die heute beinahe vergessen sind. Viele auch deswegen, weil ihr Werk in den Nachwendejahren von moralischen Scharfrichtern aus dem Westen abgeräumt wurde. Und er beschwört die Jungen von heute: Ihr müsst all das doch kennen, wenn ihr uns verstehen wollt! Ihr müsst all das doch kennen, wenn ihr das utopische Potenzial von Literatur erfassen wollt!

Es gibt diese zwei utopischen Momente in Meyers Roadmovie in die Vergangenheit des Ostens: das Ende des Zweiten Weltkriegs und die Errichtung einer literarischen Gegenwelt. Und die Wendewochen um 1989, in denen Christa Wolf auf dem Alexanderplatz ihre berühmte Rede hielt. Wenn Clemens Meyer an Christa Wolf erin-

nert, an ihre Welt, ihre Kraft, ihre Bücher, und an all die anderen fast vergessenen Autoren ihrer Zeit, dann erinnert er an die Macht der Literatur, das Gegenreich der Wirklichkeit. An die Zeit, als wir träumten »mit hellwacher Vernunft«. An eine literarische Zukunft, die fest auf dem Fundament dieser Traditionen ruht. Denn: Auf die Träume kommt es an, die ihre Kraft aus der Wirklichkeit und den Gesprächen mit einer Büste schöpfen.

Volker Weidermann

INHALT

1 O DU FALADA, DA DU HANGEST

Wie sind wir so geworden, wie wir heute sind? Christa Wolf schaut mich an. Skeptisch ihr Blick, dennoch scheinen ihre Lippen ein Lächeln anzudeuten, beinahe ein gütiges Lächeln, ein nachsichtiges? Nachsicht ob der Vorurteile, die immer noch über sie und ihr Werk kursieren? Oder ein gütiges und nachsichtiges Lächeln für jene, die sich an die von Brecht an die Nachgeborenen gedichteten Worte erinnern wollen: »Ihr aber (…) / Gedenkt unsrer / Mit Nachsicht.«

Vorsichtig streiche ich über die Bronze. Aus welchem Jahr ihres 2011 vergangenen Lebens stammt das Gesicht, das dem kürzlich erst entstandenen bronzenen Kopf als Vorbild diente? Ist sie siebzig, ist sie achtzig? Und wieder Brecht: »So verging meine Zeit / Die auf Erden mir gegeben war.« (Für mich einer der elementarsten Sätze aus deutscher Dichtung, neben Goethes »Werd' ich zum Augenblicke sagen: / Verweile doch! du bist so schön!« Um beides und dessen Variationen wird es im Folgenden gehen: das Vergehen, das Erinnern, das Schöne, auf das die Schatten fallen, die Kindheit, die vergeht, die Schuld, die nie

11

vergeht. Wer hier Humor erwartet, sollte nicht weiter-
lesen, obwohl, auch die große Soap wird ihren Platz
bekommen …)

Wie alt bist du, wende ich mich, noch in Gedanken,
an den Kopf. Auf dem Umschlag des 1989 bei Aufbau
erschienenen Bandes »Christa Wolf. Ein Arbeitsbuch«
erkenne ich beinahe dasselbe Gesicht, nur ohne das
Lächeln, und vielleicht wirken die Augen dort, also auf
dem Buch, etwas dunkler, etwas müder, 1989, da war
sie sechzig, *die Toten bleiben jung …* Aber wie kann
man Büste und Bild vergleichen, wenn doch die Augen
der Büste mich aus leeren Höhlen und dennoch wis-
send anschauen, wenn diese Augen, denn so scheint es
mir, durch die Wände meines Zimmers blicken, durch
die Jahre blicken, wenn ihre Blicke durch die Bücher,
durch die Mauern dringen, durch Gräber und Wälder
und Menschen … *Wenn ich einmal heimgeh, / dorthin,
woher ich kam …* Nein, so weit sind wir noch nicht.
Die Urnebel, die der zu Unrecht auf sozialistische und
agitatorische Dichtung reduzierte Louis Fürnberg beschrieb (dessen Beerdigung in Christa Wolfs letztem
großem Text »Stadt der Engel« thematisiert wird, aber
dazu später mehr), wehen noch nicht um die Bronze,
aus den Tiefen der Wälder, wehen noch nicht übers Papier der »Kindheitsmuster«, wehen noch nicht durch
die Seiten, durch die Zeiten, zu uns … *Die Toten blei-*

ben jung. Und auch Anna Seghers, deren Romantitel wir hier zitieren, die große weißhaarige Sphinx der deutschen Literatur des 20. Jahrhunderts, mit der Wolf so oft verglichen wird, muss noch warten. Zu groß sind die Bögen, die wir sofort, schwankend beschreiten, zu bedeutungsvoll …

Aber wie groß muss Christa Wolfs Aura in natura gewesen sein, wenn schon diese bronzene Büste den Raum vom Fensterbrett aus verändert. Sie strahlt eine Ruhe aus. Erdet förmlich mein Arbeitszimmer, das an einer Ausfallstraße im Leipziger Osten liegt. Hinter Christa Wolfs rotgolden glänzendem Schopf, auf der anderen Straßenseite, wächst ein Birkenwäldchen. Linden und sogar eine Kastanie blühen im Frühsommer zwischen den Birken und Büschen, seit mehr als fünfundzwanzig Jahren verwildert diese Brache, nein, sie verwaldet, und Hoffnung besteht, dass dort das Grün obsiegen wird, kein Beton, kein Supermarkt, keine Eigentumswohnungen …

Eine riesige Fabrik stand dort einst, wurde 1994 abgerissen, ein VEB, der Druckmaschinen herstellte, über einen eigenen Gleisanschluss verfügte, Werkhalle an Werkhalle, Straßen dazwischen, Schienen, die Villen der Werksleitung, weitere Hallen, immer wieder wurde angebaut, eine eigene Poliklinik, eine Schwimmhalle und im Hintergrund des ganzen Komplexes, ihn förmlich abschließend wie eine massive Ziegelmauer, ein lang gezogenes Fabrikgebäude von 1912, mit einem Turm, der über alldem thronte wie der bezinnte Turm einer Burg. Die südöstlichen Stadtbezirke waren, wie auch die ganze Stadt Leipzig, einst von Industrie geprägt, und auch um die Stadt herum standen die dunkel verwitterten Burgen der Industrie, der Kohle, der Chemie, der Produktion.

»Die Stadt, kurz vor Herbst noch in Glut getaucht nach dem kühlen Regensommer dieses Jahres, atmete heftiger als sonst. Ihr Atem fuhr als geballter Rauch aus hundert Fabrikschornsteinen in den reinen Himmel, aber dann verließ ihn die Kraft weiterzuziehen. Die Leute, seit langem an diesen verschleierten Himmel gewöhnt, fanden ihn auf einmal ungewöhnlich und schwer zu ertragen, wie sie überhaupt ihre plötzliche Unrast zuerst an den entlegensten Dingen ausließen. Die Luft legte sich schwer auf sie, und das Wasser – dieses verfluchte Wasser, das nach Chemie stank, seit sie denken konnten – schmeckte ihnen bitter. Aber die Erde trug sie noch und würde sie tragen, solange es sie gab.«

So beginnt Christa Wolfs Erzählung »Der geteilte Himmel« (eigentlich ein kleiner Roman), in der die wunderbar naive und so herzzerreißend verliebte Studentin Rita ins große Waggonbauwerk Ammendorf (in Halle an der Saale) zur Schicht einrückt, um dort zu arbeiten und die Brigade bei der Sollerfüllung zu unterstützen. Fast scheint es, das Wäldchen, das auf der Brache des einstigen VEB wächst, würde sich mit all seinen Birken und Bäumen über die Straße wölben und beugen und mit Ästen und Zweigen an das Fenster schlagen, hinter dem die bronzene Büste steht, stoisch dem längst verschwundenen VEB den Hinterkopf zuwendend, trotz der Äste und Zweige, die nun ans Glas klopfen, an den gläsernen Türen kratzen … Und sind es nicht auch Birken oder doch Pappeln, an denen Rita in »Der geteilte Himmel« vorbei ins große Werk eilt, das nie so genau beschrieben wird in dieser Erzählung, das sich eher über die Menschen mitteilt, die in diesem Werk arbeiten … So entsteht das Bild des Werkes durch die Bilder und Geschichten der in ihm arbeitenden Menschen. In der DEFA-Verfilmung von Konrad Wolf (nicht verwandt oder verschwägert!), einem wahren Meister des Films (»Ich war neunzehn« und auch »Solo Sunny« sind großes europäisches Kino), sehen wir die Fabrik wie eine kleine Stadt, eilen durch ihre Straßen und die Räume und Kantinen, folgen aber auch in dieser DDR-Nouvelle-Vague eher den Menschen, den Arbeitern, sind dicht an ihren jungen und zerfurchten Gesichtern, die Nebel ziehen durch die Innenstadt von Halle, liegen über der Saale, sind eher romantische Nebel als Industrienebel …

Und nun war das Waggonbauwerk Anfang der 60er sicher noch nicht eine dieser apokalyptischen Industrieanlagen, die der Dichter und Schriftsteller Wolfgang Hilbig später so meisterhaft beschrieb in ihrem Verfallen, Leuna war nicht weit entfernt von Ammendorf, Schornsteine wie Höllenschlünde, aus denen Flammen schlugen, die Weiße Elster, die durch Ammendorf fließt, war schwarz in jenen fernen und dennoch nahen Tagen …

Ein Foto von Wolfgang Hilbig, der 1941, zwölf Jahre nach Christa Wolf geboren, aber vier Jahre vor ihr gestorben ist, steht schon lange auf meinem Schreibtisch.

Sind Hilbig und Wolf nicht zwei absolut konträre Gestalten einer deutschen, einer DDR-Literatur? Der um die Form ringende Nachtalb und die kommentierende Seherin. Würde jemand einen Kopf von Hilbig gießen, ich würde auch ihn sofort kaufen.

Hilbig blickt aus seinem Foto, schräg am Kopf der Wolf vorbei, auf das Wäldchen vor meinem Haus und erahnt wohl die Trümmer und alten Fundamente zwischen den Bäumen und Büschen. Wie oft hat er in ähnlichen Werken, Kombinaten, Fabriken gearbeitet. Bitterfelder Weg? Nein, Existenzbewältigung. Er war Arbeiter und Dichter. Wahrscheinlich nur Dichter. Immer nur Dichter. Dichtete, wenn er heizte, wenn er arbeitete, wenn er von der Schicht nach Hause kam, zwischen den Schichten, heimlich anfangs, weil er sich schämte, das Papier wurde versteckt …

Nachdem ich 1996 mein Abitur gemacht hatte, mit der zweitschlechtesten Note des Jahrgangs, ging ich auf den Bau, für fast drei Jahre, vielleicht, weil ich glaubte, dort etwas zu finden, Poesie und Geschichten zwischen Staub und Beton? Oder war für mich eine Literatur ohne Erfahrung nicht denkbar? Schämte ich mich meiner poetischen Ambitionen und wollte deswegen auf die Baustellen? Geld verdienen musste ich auch. Aber die Idee des Bitterfelder Weges lag in meiner DNS. Erstens hatte ich Verwandtschaft bei Bitterfeld, Großonkel Fredi arbeitete in einer Fabrik, sein Bruder, mein Großvater, der als Künstler in Halle lebte, wurde nach seiner Zwangsexmatrikulation von der Kunsthochschule Burg Giebichenstein im Zuge der Formalismusdebatte mehrfach als Zeichenlehrer für die Arbeiter nach Leuna und Buna geschickt. Sein Hallenser Impressionismus aber kam da nicht an. Die Formalismusdebatte der 50er setzte ja in der bildenden Kunst viel eher ein als in der Literatur. Für Letztere war das 11. Plenum, das Kahlschlagplenum, entscheidend, von dem noch die Rede sein wird. Kunst im Dienst der Arbeiterklasse. Auch mein Großvater musste dann eine Zeit lang seine Existenz und die der

Familie als Entroster oder Erdarbeiter sichern, wovon er noch Jahrzehnte später ohne Groll erzählte. An die Feuer-speienden Fabriken von Bitterfeld und die lichtdurchfluteten nächtlichen Braunkohlegruben, an denen ich als Kind auf den Reisen zum Großonkel Fredi und zu der anderen Verwandtschaft vorbeikam, kann ich mich noch gut erinnern … *Das Vergangene ist nicht tot; es ist nicht einmal vergangen.*

Wolf folgte Anfang der 60er der Idee des Bitterfelder Weges. Arbeitete in einer Brigade im Waggonbauwerk Halle-Ammendorf, da war sie schon als Schriftstellerin bekannt. Leitete sogar einen »Zirkel schreibender Arbeiter«. Wurde durch die Arbeit im Waggonbauwerk zur Figur der Rita inspiriert. War die 1961 erschienene »Moskauer Novelle« noch von erzählerischer Naivität gezeichnet (strukturell ging es eher einfach zu, eine deutsch-sowjetische, etwas simple Liebesgeschichte), wurde es in »Der geteilte Himmel« schon ein wenig komplexer, auch wenn Wolf in einem Brief an Brigitte Reimann schreibt:

»Ich las, weil ich es zu Korrekturzwecken leider mußte, in der letzten Woche nochmal den ›geteilten Himmel‹, dabei kam mir an manchen Stellen das große Heulen über die unschuldsvolle Gläubigkeit, die mir damals, vor zehn Jahren, noch zur Verfügung stand.«

Aber mit derart unschuldsvoller Gläubigkeit wie in der »Moskauer Novelle« geht es im »Geteilten Himmel« dann doch nicht zu. Ich schwanke bei der Lektüre des Anfangs der »Moskauer Novelle« zwischen Heiterkeit und Anerkennung, da wird, wie in einer guten Soap, erst mal alles auf den Punkt gebracht:

»Die Unterhaltung an dem großen Tisch in der Moskauer Hotelhalle war laut und fröhlich geworden. Reden, Trinksprüche, Gelächter wechselten einander ab, so daß es niemandem auffiel, wie sich der Dolmetscher zu der Kinderärztin Vera Brauer neigte, die in diesem Juni des Jahres neunundfünfzig zum ersten Mal in ihrem Leben in Moskau war.

In diesem Augenblick erst erkannte sie ihn und wußte, was er sagen würde, war aber selbst unfähig zu reden. Er griff nach seinem Glas und sprach leise:

›Auch ich möchte einen Trinkspruch ausbringen. Für Sie. Wollen Sie mit mir auf ein kleines Dorf in Mecklenburg trinken, das wir beide kennen?‹

›Fanselow‹, sagte Vera. ›Und Sie sind Koschkin, Leutnant Pawel Koschkin. Und ich habe Sie nicht erkannt.‹

›Aber auf der Spur waren Sie. Ich trage ja auch diese grüne Brille im Sommer.‹«

Nein, das ist er wohl noch nicht, der Christa-Wolf-Sound. Aber … Und hier, an dieser Stelle, *trefe ich krine*

Taste dea Laprops meht. Es geatr tatsächluch nichta mejr,
so srrb ich mich aich bemäghe.

»Verdammt noch mal, Christa«, rufe ich dem Kopf
zu, »ich will mich doch nur annähern, mich deinem
Werk ohne Vorurteile annähern, bevor ich dann endlich und irgendwann nur noch über die ›Kindheitsmuster‹ … Verdammt noch mal, es fällt mir das doch
auch alles schwer!« Ich verspreche ihr, also dem Kopf,
einfach nur zu lesen, zu versuchen, nicht wieder in
Vorurteile zu verfallen. »Ich versuche es zumindest, ich
bemühe mich doch, spreche doch mit dir!«

Und dann, es ist so, geht es plötzlich wieder, gehor-
chen die Finger und die Tasten.

»Ob du es mir glaubst oder nicht«, rufe ich jetzt der
Büste zu, »eins der Bücher, das ich zur Lektüre in der
Mittagspause (in der Neun-Uhr-Frühstückspause ging
meist nur Kaffee und *BILD* beziehungsweise *Leipziger
Volkszeitung*) mit auf den Bau nahm, war die Taschen-
buchausgabe der ›Kindheitsmuster‹. Fleckig und zer-
knittert, durch Staub, Zement und Wasser angegriffen,
früh vergilbt und mit Rissen und Macken …«

Und da ich tatsächlich glaube, dass der Kopf oder der
Geist mir eben in die Tasten fuhr, weil ich die Vergangenheit nicht gut wiedergegeben habe, tendenziös oder
was auch immer war, sollte ich hier auch nicht verheim-
lichen (nachlesen kann es ja sowieso jeder, nur traue ich

dieser Lesebereitschaft nicht mehr so ganz), dass schon
der zweite Absatz der »Moskauer Novelle« einen Hauch
des späteren Christa-Wolf-Sounds enthält:

»Jeder weiß, daß man in den Sekunden, die man
braucht, um aufzustehen, jemandem die Hände zu reichen und sie fest zu drücken, daß man in diesen vielleicht fünf Sekunden außerdem rot und blaß werden,
Tränen in die Augen bekommen und unglaublich viele
Bilder vor dem inneren Blick vorbeijagen sehen kann.
So ist der Mensch eingerichtet, und mit der Fähigkeit,
sein Leben ineinanderzuschachteln, hilft er sich über
die Kürze dieses Lebens hinweg.«

Ja, vielleicht ist das der Beginn des typischen Christa-
Wolf-Sounds, an den ich ja doch eigentlich nicht so
recht glaube und den es in einer absoluten Stringenz
sowieso nicht gibt. Und dennoch schwingt er in mir,
nach all den Lektüren, in meinen Mühen, mich dem
Roman Wolfs zu nähern, der bleibt und bleiben muss.

Weit ist es noch vom Frühwerk der Wolf bis zu den verschachtelten Erzähleben der »Kindheitsmuster«, auch
wenn sich im »Geteilten Himmel« das Verschachtelte
schon andeutet, Ritas Zusammenbruch schon zu Anfang
geschildert wird, den Rahmen bildet und wir uns dann
mit einem unbekannten Erzähler in ihre Geschichte begeben, ihre Liebesgeschichte, die dieser Erzähler immer

wieder kommentiert, dieser Erzähler, der mehr weiß als wir, mehr weiß, als er wissen kann. Ich glaube, dass wir diesen kleinen Roman, den die Wolf eine Erzählung nennt, heute immer noch lesen können. Es ist eine naive DDR-Nouvelle-Vague, die uns in eine andere Zeit führt und dabei immer wieder zu Tränen rührt. Vieles in diesem Text wirkt heute unverständlich. Doch wir wollen kein Geschichtsbuch zur Hand nehmen, um Prosa zu verstehen. Die Nachgeborenen würden auch so begreifen, dass die Welt damals eine andere war, würden *fühlen*, worum es geht. Zerrissenheit ist doch zeitlos.

Hilbigs Zerrissenheit, sein Ringen um eine Form, war schon in seinen frühesten Prosatexten und Gedichten spürbar und lesbar. Er wollte von Anfang ein Formalist sein. Stil, Form, ich würde es auch Sound nennen. In einem Zirkel schreibender Arbeiter war er ein Fremdkörper. Er suchte das Existenzielle, Novalis im Abraum, die Abgründe, die mit einer förmlich aufgeladenen Sprache zu füllen waren … Aber der Anfang der »Kindheitsmuster« kann auch über seinen Texten stehen, vor allem, da dort Faulkner zitiert wird, dessen Bewusstseinsströme Hilbig sicher vertraut waren. *Das Vergangene ist nicht tot …*

Sprachen wir nicht gerade, wenn auch zweifelnd, schon über den typischen Christa-Wolf-Sound? Erklingt der bereits in »Der geteilte Himmel« oder erst in

»Nachdenken über Christa T.«, um dann in den »Kindheitsmustern« zu kulminieren? Rangen nicht Hilbig und Wolf gleichermaßen? Sie um die Grenzen des Erzählens, des Erzählbaren, das ohne Kommentarinstanz ja nicht mehr möglich zu sein schien, er um die absolute Potenzierung der Form …

»Du klingst wie ein zweitklassiger Literaturwissenschaftler!« Ich schrecke zusammen. Nein, der Kopf schweigt. Und Hilbig isses auch nicht, der da spricht. Diese Stimme, die in meine Anstrengungen dringt, mich dem Werk der Wolf und insbesondere diesem einen Buch, das mich so beeindruckt hat, als ich es erstmals auf den Baustellen las, zu nähern, klingt wie die Reibeisenstimme meines alten Professors Walfried Hartinger, der im Herbst 1989 die Wolf noch einmal nach Leipzig … Aber dazu später mehr.

Denn Wolfgang Hilbig, ohne dessen Anwesenheit ich all die kommenden Reisen in die »Kindheitsmuster«, meine Reisen in eine scheinbar verschwindende Literatur (aber sie bleibt doch, muss doch bleiben!), nicht durchstehen würde, die Zeitreisen, die mich umherwirbeln werden wie in einem auf 141,6 km/h beschleunigten, mit einem Fluxkompensator ausgestatteten DeLorean, nicht durchstehen würde (Christa Wolf liebte die Abenteuer und Raumreisen des Raumschiffes Enterprise, *The Next Generation*, mit dem

glatzköpfigen Shakespeare zitierenden Jean-Luc Picard,
die sie Anfang der 90er in der Villa Aurora bei L. A. im
amerikanischen Fernsehen verfolgte, und ich glaube,
dass sie auch den Zeitreisenden Michael J. Fox kannte),
Wolfgang Hilbig also muss sprechen, muss rezitieren,
muss uns mit seinem Gedicht »das ende der jugend«
auf die »Kindheitsmuster« vorbereiten:

es kamen schwarze sommer bald und selten
rote sonnen – wolken waren gelbliches gewüchs
und lang vergeblich glaubte ich noch ich ertrügs
dächt ich mir heitre sommer über meine welten

und letztlich schwände dies mit den oktobern –
doch eines morgens war ein rauhreif in das laub
    gefressen
und ich erschrak vergaß mich – im vergessen
begann die kalte angst mich zu erobern

seitdem vergesse ich dem winter zu entkommen
versäum die pflicht die jeder tag mir auferlegt:
die sonnen die im sommer rot verglommen

zu bannen in mein wort für spätre zeiten –
schon ist die erde ganz von farben leergefegt
und schwärenhafte träume streifen in den weiten.

Ach, Hilbig, dein Bild auf meinem Schreibtisch war stets dominierend in meinem Arbeitszimmer, aber dann tauchte mit einem Mal der bronzene Kopf der Wolf auf, ob das denn gut geht? Der Dichter und die Seherin (hatten wir schon?), der lyrisch Suchende und die Prosadichterin, der Stilist und die Essayistin, der Junge und die Gänsemagd, *o du Falada, da du hangest*; und da kreuzen sich eure Blicke in meinem Arbeitszimmer wie Laserschwerter (Moment, die gibt es in Star Trek nicht, das ist Star Wars, und das ist was für Kinder, während Star Trek eine philosophische Reise durch die Weiten des Alls und der Seelen ist!), aber nein, kein Zorn ist zwischen euch beiden, seid ihr doch Teil derselben großen tragischen Geschichte:

»*Lieber Wolfgang Hilbig,*
längst hätte ich Dir schreiben wollen (…). Mit einer besonderen inneren Freude sehe ich beim Lesen Deine Authentizität sich entfalten, Deine innere Freiheit ihre Wort- und Satzgestalt suchen und finden, Deine einzigartige Erfahrung mit dem, was Literatur an Formen anbietet, zusammenzuführen. Ich bin so dankbar, wenn jemand die Worte noch ernst nimmt und sie befragt (…).
Ich grüße Dich, Deine Christa Wolf.«

Und wie in einem Märchen, vielleicht auch wie in einer der fantastischen Erzählungen Hilbigs, setzt die Büste auf meinem Fensterbrett jetzt zu sprechen an, beginnt sie, die Lippen zu bewegen, schon heben sich die Augenbrauen, *o du Falada, da du hangest,* o Königstochter, da du gangest … Oder schweigt sie nun doch wieder? Oder fragt sie gleich *mich,* und ich muss beschämt schweigen? Ringen wir wieder und wieder um Worte? Werfen uns Schweigen zu? So vieles wäre doch zu erfahren. Getreu dem ihrem letzten Roman »Stadt der Engel« beiseitegestellten Motto: »Du bist dabei gewesen. Du hast es überlebt. Du kannst davon berichten.« Sprich doch, so sprich doch, wir brauchen deine Stimme. So vieles muss doch dem Vergessen entrissen werden …

(Ich formuliere schnell eine Liste, wir müssen doch Ordnung bringen ins Chaos!)

Wie war das mit dem berüchtigten 11. Plenum 1965, das Kahlschlagplenum (hatten wir schon und werden es immer wieder bringen), auf dem du den Werner Bräunig und seinen großen im Entstehen begriffenen Roman »Rummelplatz« verteidigt hast und überhaupt die ganze Literatur deines Landes, die den heftigen Angriffen der Kulturbürokraten und des Politbüros ausgesetzt war.

Und wie unsicher du dann Anfang der 90er im Gespräch mit Günter Gaus warst (wir rasen durch die Zeit mit Michael J. Fox und dem DeLorean-Sportwagen, die Liste, die ich verfassen wollte, fliegt aus dem Fenster, dem Vergangenen zu, zurück in die Zukunft), heute noch einsehbar im Netz, wie sehr hatten dich all die Angriffe im Zuge des Literaturstreits der Nachwendejahre verunsichert und getroffen, sodass du sogar meintest, den jungen Menschen der nachfolgenden Generation nichts mitgeben zu können, sie müssten ihre Erfahrungen selbst machen, ja, das mussten und müssen sie zweifelsohne, aber die »Kindheitsmuster« stehen doch als Erinnerungsmonument, Erinnerungsfragment, als Fund-Buch über die dunklen Jahre und über die Aufbruchsjahre, *wie sind wir so geworden, wie wir heute sind …*

Und warum griff Marcel Reich-Ranicki dich schon 1987 in der FAZ so vehement an, nachdem du die Laudatio auf Thomas Brasch gehalten hattest, anlässlich der Verleihung des Kleistpreises an Brasch? Wir nutzen hier wieder und wieder das Wort »Angriff«. Sollten wir Reich-Ranickis Text nicht eher als »vehemente, aber unsachliche Kritik« bezeichnen? Beim 11. Plenum hingegen handelte es sich um Angriffe, denn da ging es um die Existenz, wer könnte das denn heute nachvollziehen?

Angriffe, Gegenangriffe, Kriegstermini, die wir so nicht wollen. Sozialismus. BRD, DDR. Vergangenheit, von der *was* bleiben wird? Literatur? Und welche?

Angriffe, Gegenangriffe. »Kindheitsmuster« ist auch ein Buch über den Krieg. Heiner Müllers Engel der Verzweiflung, der dem Engel der Geschichte von Walter Benjamin gleicht, stellt sich quer im Trümmerfeld, bewegt sich zwischen den Seiten:

»Ich bin der Engel der Verzweiflung. Mit meinen Händen teile ich den Rausch aus, die Betäubung, das Vergessen, Lust und Qual der Leiber. Meine Rede ist das Schweigen, mein Gesang der Schrei. Im Schatten meiner Flügel wohnt der Schrecken. Meine Hoffnung ist der letzte Atem. Meine Hoffnung ist die erste Schlacht. Ich bin das Messer, mit dem der Tote seinen Sarg aufsprengt. Ich bin, der sein wird. Mein Flug ist der Aufstand, mein Himmel der Abgrund von morgen.«

Wie in einer Morgue der lebenden Toten mischen sich die Stimmen nun in meinem Arbeitszimmer, der Kopf reglos, Hilbig, der auf dem Foto seine fast runtergerauchte Zigarette fallen lässt. *Das hat man davon, wenn man zu tief eintaucht in diese Zeiten!* Müller schrieb das Engel-Gedicht übrigens 1979, drei Jahre nach Erscheinen der »Kindheitsmuster«, zwei Jahre nach meiner Geburt, genau zehn Jahre vor der großen Zäsur, der sogenannten Wende (ein Begriff, den Christa Wolf ja eher ablehnte, weil er für sie etwas Rückwärtsgewandtes beinhaltete).

Ein anderer Engel der Geschichte, der junge Ronald M. Schernikau, der hoffentlich später hier noch durchfliegen wird, zitiert Eisler: »tröstet euch, genossen, auch der kapitalismus hat seine schattenseiten.« Aber er hatte gesiegt, nein, nicht Schernikau oder Eisler, sondern der Kapitalismus, beziehungsweise bot er mehr. Die DDR verrottete in den 8oern, wer könnte poetischer davon künden als Hilbig, der nun seine Zigarette wieder aufgehoben hat. Die Verwüstungen der Kohle, vor der die Wälder wichen, die Verwüstungen der Städte, die vergifteten Städte, aber auf den Dächern wuchsen die Bäumchen.

Was schuft ihr aus diesen Verwüstungen, wie nährten sie eure Texte, eure Literatur? Wie konntet ihr verhindern, dass ihr verhärtet, wie Biermann es singt: »Du, laß dich nicht verhärten / In dieser harten Zeit / Die allzu hart sind, brechen / Die allzu spitz sind, stechen / Und brechen ab sogleich.«

In deinen »Kindheitsmustern« fand ich die *grauen Männer*, die dir in einem Traum erschienen, den du in der Ebene der Erzählung träumst, in der du die Erzählung schreibst, dich so unendlich mühst mit ihr, im

Zwiegespräch mit diesem Stoff der Kindheit, des Krieges, der Zeit:

»Eine Gruppe grau gekleideter, ganz gleichförmig auftretender Männer, deren Sprecher – gesichtslos wie sie alle – sich von den anderen nur durch ein schmales scharfes Lippenbärtchen unterschied, verschaffte sich Zutritt zu deinem Haus. Sie kamen mit einem Auftrag von einer nicht näher bezeichneten Instanz: Sie wollten dich überreden, einen Text anzufertigen, der ihre ›allgemeine Meinung‹ von den ›Dingen des Lebens‹ mit deinen Worten ausdrücken sollte. Deiner Fassungslosigkeit glaubten sie mit dem Versprechen begegnen zu können, daß sie dieses Schriftstück an alle Haushalte verschicken würden. Besseres, sagte der Mann mit dem Bärtchen ernsthaft, aber hoffärtig, könnte einer wie dir doch nicht passieren. Oder solle er dir durch Vorlage des Telefonbuches beweisen, wie viele Leser dir im Falle einer Weigerung entgingen?«

Ist das *die Firma*, die da kommt, an die du dich erinnerst, die sich aus deinem Unterbewussten, gewissermaßen aus dem *Overcoat* des Dr. Freud, in den Text schleicht? *Die Firma*, so nannte mein Onkel (nicht der Großonkel Fredi), der in Dissidentenkreisen verkehrte, die Staatssicherheit. Das war wohl so üblich. Aber: Man muss doch nur deine Texte lesen, um zu verstehen, dass du keinesfalls eine Staatsdichterin warst! Was soll das überhaupt sein, Staatsdichterin? Was war dann Kant, Hermann? Aber dazu gleich mehr, wenn die große Soap beginnt ...

Die Angriffe des 11. Plenums jedenfalls führten zum Buch »Nachdenken über Christa T.«. Die Angriffe nach der Wende, im wiedervereinten Deutschland, machten dich krank, ließen dich scheinbar verstummen. (Hatten wir irgendwo schon, oder kommt noch mal? *Das hat man davon, wenn man zu tief eintaucht in diese Zeiten.*) »Du bist dabei gewesen. Du hast es überlebt. Du kannst davon berichten.« Bezieht sich das Motto deines letzten Romans »Stadt der Engel« also vor allem auf die Zeit der Angriffe nach der Wende (wir wollten doch diese Kriegstermini nicht mehr verwenden!), die die Hoffnung auf eine bessere Gesellschaft schon gar nicht mehr in sich trugen, die Hoffnung, dass man zumindest auf dem Weg dahin wäre, bei allen Irrungen.

Was sahst du Anfang der 90er vor dir? Oder sah Kassandra nur noch Dunkel und drehte den Kopf, langsam, also doch eine Wende ... Und was denkst du über die, die nun in Dresden und anderswo von »Angriffen« faseln und Bücher in einem Verlag namens »Exil« veröffentlichen? Wiederholt sich die Geschichte wirklich, wie Marx dachte und dabei Hegel variierte, Tragödie oder Farce, oder immer beides?

»Transit« heißt eins der Meisterwerke der Anna Seghers, die wirklich im Exil war. Und dort beinahe starb. Und zurückkam. Und als weißhaarige Sphinx in der Akademie saß, sich manchmal zu Wort meldete, aber oft schwieg. Auch als über den Verleger und Spanienkämpfer Janka oder andere gerichtet wurde. Was sagst du, wenn man von ihr als deine Lehrerin spricht? War deine frühe Prosa ihrer Prosa ähnlich?

Naives, volkstümliches Erzählen, lese ich irgendwo in Bezug auf die Seghers, in Bezug auf deine frühe Prosa. Naiv, volkstümlich, was soll das sein? Seghers schrieb ja oft Märchen, verfiel auch in ihren Erzählungen in einen märchenhaften, legendenhaften Ton, kam so zu den Ursprüngen des Erzählens, berichtete, vereinfachte. Volkstümlich? Vielleicht. Aber auch bei ihr schoben sich Vergangenheit und Gegenwart ineinander, etwa in der Erzählung »Der Ausflug der toten Mädchen«, in der in Mexiko die Vergangenheit in flimmernder Sonne lebendig wird, die Icherzählerin zurück in ihre Jugend gerät, in die Zeit vor dem Ersten Weltkrieg, nach Mainz, von wo aus ihre Schulklasse einst einen Ausflug rheinabwärts unternahm, und sich jene Icherzählerin fragt und erinnert, was aus den Klassenkameradinnen geworden ist in den Wirren des ersten und dann des zweiten großen Krieges.

Und da höre ich sie nun das erste Mal, Christa Wolf, bedächtig und langsam, obwohl die bronzenen Lippen sich nicht bewegen, und ich neige den Kopf (bin seit Geburt an taub auf einem Ohr) zum Kopf:

»Im Idealfall sollten die Strukturen des Erlebens sich mit den Strukturen des Erzählens decken. Dies wäre, was angestrebt wird: phantastische Genauigkeit. Aber es gibt die Technik nicht, die es gestatten würde, ein unglaublich verfilztes Geflecht, dessen Fäden nach den strengsten Gesetzen ineinandergeschlungen sind, in die lineare Sprache zu übertragen, ohne es ernstlich zu verletzen. Von einander überlagernden Schichten zu sprechen – ›Erzählebenen‹ – heißt auf ungenaue Benennungen ausweichen und den wirklichen Vorgang verfälschen. Der wirkliche Vorgang, ›das Leben‹, ist immer schon weitergegangen; es auf seinem letzten Stand zu ertappen bleibt ein unstillbares, vielleicht unerlaubtes Verlangen.«

Ist das nicht mitten aus »Kindheitsmuster«? Hatte ich da nicht einen Zettel hineingeklebt? Voller Zettel ist das Buch. Immer wieder Sätze und Passagen, die man aufheben, zitieren, rezitieren will.

»Die Zeit läuft. Wir leben nicht oft wirklich.

Irgend etwas in dir behauptet, daß diese beiden Sätze – von denen der eine auch der Ausruf eines Radiosprechers bei einer Sportspartakiade, der andere die Klage eines Hypochonders sein könnte – zusammengehören. Der verschiedene Stoff, aus dem Sätze gemacht sind. Der verschiedene Stoff der Zeiten.«

Die Zeiten und der *Stoff*. Franz Fühmann, mit dem du dir wunderschöne Briefe schriebst, soff.

»Liebe Christa, hab Dank für Deine Karte, sie ist genau im richtigen Augenblick gekommen. Der liebe Gott der Schriftsteller machts schon, daß wir einander finden, wenn wir einander brauchen.«

Da war er schon trocken. Und blieb's, vielleicht auch dank dir. Konnte aber lange nicht ohne Stoff. Bevor er sich ernüchterte und trocken dann mit einer Brigade in den Berg einfuhr.

Hilbig soff und soff dann nicht und lebte für den Stoff der Dichtung, der ihn zwischen den Realitäten hielt, vom Stoff abhielt, wieder zum Stoff brachte. Wie das alles ertragen ohne Stoff. Mein greiser und weiser Kollege Werner Heiduczek, dessen 1977 erschienener Roman »Tod am Meer« ein Schwesternroman der »Kindheitsmuster« ist, sagte mir einmal und sagte es immer wieder: »Mensch, haben wir gesoffen, was haben wir gesoffen!« Weil es anders nicht auszuhalten war? Aber wir Dichter saufen ja auch heute noch, wenn auch vielleicht nicht mehr mit dem existenziellen Furor jener Jahre.

Werner Bräunig, den du so mutig verteidigt hast auf dem 11. Plenum und dessen Roman »Rummelplatz«

dennoch als Fragment in der Schublade blieb, starb 1976 verbittert und alkoholkrank, im Jahr der »Kindheitsmuster«, ein Jahr vor meiner Geburt. *O du Falada, da du hangest,* o Königstochter, da du helfen wolltest, aber was wussten deine Kritiker im anderen Land schon davon … Warf dir Reich-Ranicki wirklich vor (unter anderem, denn es ging ihm ja in erster Linie um Staatskonformität vs. Dissidententum, als wenn das immer so einfach wäre!), dass dein Werk von Humorlosigkeit geprägt wäre, wie jetzt erst wieder ein Literaturkritiker anmerkte, der offenbar nichts von der anhaltenden, beinahe visionären Kraft deiner besten Bücher versteht …

Zu deinen wenigen Treffen mit *der Firma* Ende der 50er werde ich dich nicht befragen (habe ich es nicht schon, indirekt? Der Text schichtet sich auf), da die Welt sich damals neu ordnete, nach dem großen Krieg und dem großen Morden. Was wissen wir von heute aus gesehen über *besser* und *schlechter*, nur Biedermänner echauffieren sich über, beispielsweise, Brechts »Haltung«, die ja demokratiefeindlich gewesen sei. (Hier beziehe ich mich auf eine Rede, die der Schriftsteller Daniel Kehlmann 2008 auf dem Brecht-Fest in Augsburg hielt.) Und egal, welche Haltung das gewesen sein mag, sie entsprang ja einer Zerrissenheit. Die großen Hoffnungen »Nie wieder Krieg« und

»Nie wieder Faschismus« überlagerten und verdrängten doch so vieles, nicht nur bei Brecht, wer hatte die Wahl in diesen Zeiten, und welche Wahl hattest du? Ich weiß so wenig darüber, bin zu jung, bin ein Nachgeborener, der verstehen will, weil er die Zerrissenheit spüren und lesen kann, die ihr mit euch herumgetragen habt. Ihr habt eine Sprache und eine Form gesucht, die neu sein kann und das Neue besingt und dennoch der Kunst, der Literatur verpflichtet ist, der Zerrissenheit, der Endlichkeit, der Hoffnung. Ein sozialistischer Realismus konnte doch nur in Teilen gelingen.

Ein Uwe Johnson hätte der DDR so gut gestanden, aber er wusste, dass seine in den Augen der Apparatschiks modernistische Literatur, die die Fragen der Zeit, der Zerrissenheit nicht eindeutig schwarz oder weiß beantwortete, die Nachkriegszeit nicht dem sozialistischen Narrativ gemäß beschrieb und auch einfach zu sperrig war. Als er in den Westen ging, schmuggelte er ein Manuskript von F. R. Fries mit rüber (aber dazu gleich mehr), Fries, der in der DDR blieb, ein magischer Solitär, einer, der sich seine Narrenfreiheit erkaufte (auch er ein Parzival wie Heiduczek, nur kleinwüchsig, auch dazu gleich mehr).

Aber dass selbst einer wie Bräunig, der so zupackend, realistisch und modern zugleich über die Wismut, den Uranbergbau schrieb, nicht genehm war mit seinem »Rummelplatz«, ist schwer, so schwer zu begreifen. Hätte es Moskau interessiert, ob da einer, punktuell, kritisch den Sozialismus schilderte? Aber was heißt kritisch, das *war* ja ein sozialistischer Realismus! Ein moderner Realismus der Bergwerke, der Halden, der Kipperfahrer, der Kneipen, der Huren (in der Wismut), der Abräume und Albträume …

War die DDR wirklich »Der Turm von Babel«, wie Hans Mayer, dein alter Professor an der Karl-Marx-Universität Leipzig, eins seiner Bücher nannte. (Nicht zu verwechseln mit dem Fußballtrainer und Fußballintellektuellen Hans Meyer, der in der DDR mit Carl Zeiss Jena schon am Legendenstatus kratzte, aber als er mit dem FC Nürnberg 2007 den DFB-Pokal holte, endgültig *Kult* wurde.) Er bezog sich, du weißt es natürlich, mit dem Titel auf ein Gedicht von Johannes R. Becher, dem späteren Namenspatron des Literaturinstituts in Leipzig, Kulturminister der jungen DDR, das ich nun in die Stille meines Arbeitszimmers hineinrezitiere, um Zeiten und Räume zu beschwören. Bewegen sich nun endlich deine bronzenen Lippen, sprichst du es leise mit, das Gedicht? So wie vor wenigen Jahren der ehemalige Lektor des Reclam Verlags Hubert Witt, schon achtzigjährig, das Fürnberg-Gedicht von den Urnebeln aus dem Gedächtnis mitrezitierte, als ich es auf einem Sommerfest der Wolfgang-Hilbig-Gesellschaft vorlas und sich bewegende Stille und die Schmerzen einer Vergangenheit plötzlich über den Garten legten, in dem die Hilbig-Gesellschaft sich traf. Hier also Becher:

Das ist der Turm von Babel,
Er spricht in allen Zungen.
Und Kain erschlägt den Abel
Und wird als Gott besungen.

Er will mit seinem Turme
Wohl in den Himmel steigen
Und will vor keinem Sturme,
Der ihn umstürmt, sich neigen.

Gerüchte aber schwirren,
Die Wahrheit wird verschwiegen.
Die Herzen sich verwirren –
So hoch sind wir gestiegen!

Das Wort wird zur Vokabel,
Um sinnlos zu verhallen.
Es wird der Turm zu Babel
Im Sturz zu nichts zerfallen.

Nein, noch schweigst du, o Königstochter, ist denn alles zu Staub zerfallen wie der Turm von Babel? Sind denn eure Illusionen und Träume vergessen und vergangen, hattest du auch diese schrecklichen Schmerzen, von denen dein Freund und Kollege Franz Fühmann kurz vor seinem Tod 1983 sprach beziehungsweise schrieb:

»Ich habe grausame Schmerzen. Der bitterste ist der, gescheitert zu sein: in der Literatur und in der Hoffnung auf eine Gesellschaft, wie wir sie alle einmal erträumten.«

Aber Fühmanns Literatur bleibt doch? Seine Erzählung »Barlach in Güstrow« ist doch große Literatur, nicht wahr? Sie spielt an nur einem Tag im Jahr 1937, als Ernst Barlachs Dom-Engel in Güstrow von den Nazis abgehängt wird, weil sie seine Kunst als entartet einstufen. Und große Literatur, wenn auch kaum gelesen, vergessen beinahe, ist auch Fühmanns Fragment gebliebenes letztes Buch »Im Berg«, ein Roman, der kein Roman ist und auch nicht sein will, der reflektiert, der untergräbt, der, ähnlich wie deine »Kindheitsmuster«, in die Schichten der Erde eindringt, Erzählebenen aufschichtet:

»Fiktion also, Abklatsch, Literatur, in deren mühsamen Sich-Fügen aus Wörtern um Wörtern und Sätzen um Sätzen und Zeilen um Zeilen und Seiten um Seiten mich immer wieder der Zweifel ankommt, ob all dies

Mühn überhaupt einen Sinn hat vor den Nachrichten, die wie Alltagssprache das Unsagbare als Unsägliches sagen, aus dem Radio, das ich jetzt abschalten werde (…), da mir eine Karte den Selbstmord meines Kollegen S. anzeigt (und ich kann nicht einmal bei seinem Begräbnis dabeisein, er hat sich in Westberlin umgebracht, und die Post hat für die vierzig Kilometer beinahe fünf Wochen gebraucht); heute, im kochenden Harzdunst dieses Sommers, dem man nicht entfliehen kann, in diesem dünstenden, zähen Wahnsinn, der über dem Planeten brodelt, heute, da es vielleicht schon kein ›morgen‹ im Sinn einer Menschheit geben wird, die da Tage zählt, Wochen, Monate, Jahre, Jahrzehnte, Jahrhunderte und Jahrtausende, Jahrmillionen und Jahrmilliarden die Unendlichkeit der Materie hinab; heute, müde, zermürbt (…), habe ich die wenigen Exemplare des GRUBENECHO ausgegraben, die ich von einstmals kompletten sechs Jahrgängen als Belege behalten habe (…), und nun liegen sie auf meinem Schreibtisch (…), beschwert von einem Stück Anhydrit (…), dazu die Notizhefte aus der Zeit meiner ersten Grubenfahrt.«

Fühmann ging, nein, fuhr (so wie alle Bewegungen unter Tage ein Fahren sind) den Weg des Sozialismus, bis es nicht mehr ging. Auch er verblendet von den Nazis als Jugendlicher, fast so wie du. Und daraus resultierte doch euer »Nie wieder Faschismus, nie wieder Krieg« (hatten wir das nicht schon irgendwo? Aber egal, immer wieder muss man es sagen und schreiben), euer Weg war bitter, voller Irrungen, aber auch voller Träume. Der Stalinismus kam nicht vor in den »Kindheitsmustern«. Auf welcher Ebene des Romans hätte er, diese sozialismusverschlingende Monstrosität, auch Platz gefunden? Unter anderem Reich-Ranicki monierte, dass der Stalinismus im Roman ausgeblendet würde.

Und wie wäre er denn zu schildern gewesen? Dass Christa Wolf diese Frage vielleicht mitdachte, im Hinterkopf beziehungsweise dem *Overcoat des Dr. Freud*, den wir schon mal erwähnten, ist durchaus vorstellbar. Also dass sie darüber nachdachte, diese unfassbaren Verfehlungen und Verbrechen des Kreml, der ja nun, so oder so, die Geschicke der DDR lenkte, in die Reflexionen der Erzählerin einzubauen. *Bau auf, bau auf, Freie Deutsche Jugend, bau auf!* Immerhin wurden die Stalin-Denkmäler ja geschliffen in der DDR, Chruschtschows Rede zu Stalins Verbrechen war in den intellektuellen Kreisen bekannt und sorgte für gewaltige Erschütterungen, aber das Tauwetter währte nicht lange.

Die Zensur mitdenken. Aber ich glaube, dass ein Roman, der versucht aufzuspüren, wie und warum das Kind, das die Icherzählerin und das Du des Romans einmal war, den Führer glühend verehrte, in national-sozialistische Muster verfiel, scheitern würde bei dem Versuch, auch noch den Stalinismus ... Hitlers Morden, das deutsche Morden, legte sich doch über alles. Es ist kein Buch über den Stalinismus, es ist ein Buch über den Faschismus der von Hitler begeisterten Deutschen. Und literarisch, dramaturgisch würde wahrscheinlich alles auseinanderfliegen, wenn da der Stalinismus noch mit reinkommen würde. Hier sucht doch eine Erzählerin den Kern ihrer Irrungen, reist in der Zeit, sieht dann, während sie all das in eine literarische Form zu bringen versucht, die Krisen und Kriege der Welt der frühen 70er, Allende wird ermordet, Vietnam in die Steinzeit gebombt, sieht aber auch die sozialistischen Wunden wie Prag 1968 oder Ungarn 1956, die Erzählerin verzweifelt an der Welt, sucht Hoffnung in der Welt, schreibt und kehrt zurück in die Kindheit, wo die Schnäuzchen-Oma auf sie wartet, aber auch der Führer ... und ja doch auch, eben entdecke ich's, Stalin und die Schrecken des Stalinismus: auf einer der Gegenwartsebenen des verschachtelten Romans. Hier irrte Reich-Ranicki also, wie auch ich mich lange irrte und erst jetzt wahrnehme, dass auch der Wahnsinn des Stalinismus in diesem Roman aufflackert. Wie konnte ich nur daran zweifeln, o Königstochter, die Wunden werden aufgerissen.

Und dieser Einbruch des Unerhörten erfolgt in einem Kapitel, das den nüchtern poetischen Titel »Nachrichtensperre. Vorkrieg. Das weiße Schiff« trägt. (Übrigens sind die Titel der Kapitel nur im Inhaltsverzeichnis hinten im Buch genannt, im Text sind sie allein mit Zahlen übertitelt, als wollte Wolf auch dieses Romanhafte in den Anhang verbannen. Großartige Titel wie »Die verunreinigte Wahrheit. Der Satz des KZlers« oder »In der dritten Person leben lernen. Ein Kind erscheint«.) Im Kapitel »Nachrichtensperre. Vorkrieg. Das weiße Schiff« geht die Erzählerin einem Bild Nellys nach, dem Bild eines weißen Schiffes, das das Mädchen, warum auch immer, vor sich sieht, wenn es um die Zeit unmittelbar vor dem Angriff auf Polen geht. Und so begibt sich die Erzählerin, Jahrzehnte später, in die Archive und arbeitet alte Zeitungen durch, entwirft einen Erinnerungsbericht, der aber immer wieder abschweift, ins Jetzt der frühen 70er dringt. Doch die Zeitungen der Vorkriegszeit enthüllen neben Propaganda eben auch die großen Säuberungen Stalins, und fast schämt sich die Erzählerin, dass sie sich dem stellen muss, immerhin werden diese Wahrheiten von den Nazis propagandistisch genutzt in den Postillen der Zeit, bevor es zum Hitler-Stalin-Pakt kommt. Aber sie nimmt das Unerhörte wahr und zwingt sich, es zu reflektieren. Stalinismus. Sich gegenseitig umbringende

Kommunisten. Und wieder beginnt, wie um es – erfolglos – zu verdrängen, ein Strom aus Geschichten. Spanischer Bürgerkrieg, Guernica, ein Onkel war bei der Legion Condor, Euthanasie …

»Nachts, im Traum, soll nach neueren Erkenntnissen die Übernahme von Erlebnisstoffen vom Kurzzeit- in das Langzeitgedächtnis geschehen. Du stellst dir ein Volk von Schläfern vor, ein Volk, dessen Gehirne träumend den ihnen gegebenen Befehl befolgen: Löschen, löschen, löschen. Ein Volk von Ahnungslosen, das, zur Rede gestellt, später wie ein Mann aus Millionen Mündern beteuern wird, es erinnere sich nicht.«

Die Träume, sprechen wir über deine Träume. In »Kindheitsmuster« sind es immer wieder die Träume, die das Vergangene in Person des Kindes Nelly ins Bewusstsein der Erzählerin bringen, Nelly träumt, die Erzählerin träumt mit:

»Was hatte nun wieder das zu bedeuten? (…) daß die beiden Mädchen das Aussehen von Sechzehnjährigen behalten hatten (…), Jossel aber in seinem heutigen Alter erschien. (…) Wäre er euch allerdings damals begegnet, als ihr Mädchen sechzehn Jahre alt wart – darin hatte der Traum nun wieder recht –, damals, als Jossel jung war, nicht diesen Bart hatte und nicht diesen Ausdruck in den Augen, für den man nicht leicht ein Wort findet: ›verloren‹ kommt ihm am nächsten; damals, als sie ihn, den Wiener Juden, in Frankreich geschnappt und nach Buchenwald transportiert hatten: Wäre er damals in diese Stadt gekommen (…), dann hätte er eher noch mit Vera Przybilla, der Baptistin, und mit ihrer Freundin Walpurga, der Tochter eines christlichen Missionars (…), irgendeine Straße entlanggehen können als mit Nelly.

Falls es die Absicht des Traumes gewesen war, auf diese bestürzende Tatsache hinzuweisen, hätte er seinen Zweck erfüllt.

Die Wächter vor den Toren des Bewußtseins abziehen.«

Noch so ein Satz, den ich wieder und wieder laut lesen muss: »Die Wächter vor den Toren des Bewußtseins abziehen.« Blinkt da etwas auf in den leeren Augen des Bronzekopfes?

»Bronzezeit« heißt eine Erzählung von Hermann Kant. Komisch, dass wir nun auf Kant kommen, in unserem Zwiegespräch, in unserem Schweigen, Träume und blaue Blumen sind bei Kant nicht zu finden, oder doch? Müssen wir nicht Wächter vor den Toren des Bewusstseins aufstellen, um uns vor Assoziationen zu Kant zu schützen? Kant war ja, wie die Wolf, ungeheuer erfolgreich in der DDR, seine Bücher wurden, wie ihre, überall diskutiert, waren Ereignisse, »Die

Aula«, »Das Impressum« waren aber vollkommen anders im Ton. Macht es Sinn, nun plötzlich Kant herbeizuzitieren? (*Sprich, Vergangenheit!*) »Bronzezeit« also, du warst es doch, also dein bronzener Kopf, der mich auf diese Spur brachte, doch finden wir in Kants Erzählung, die Heiner Müller einmal als eine der besten über die DDR rühmte, mehr als eine in flottem Ton geschriebene Satire auf DDR-gewordenes Preußentum? Spricht das heute noch zu uns? Kann man diese »Bronzezeit« heute noch lesen und verstehen, als Kunstwerk, das tief in seiner Zeit verwurzelt ist und dadurch eben zeitlos, so wie die »Kindheitsmuster« zeitlos sind, weil sie eine Zeitreise sind, in vielfacher Hinsicht: Ein himmelblauer Trabant fährt übers Land, fährt durch den Regen, fährt nach Polen und in eine Vergangenheit, die Zeit wird in den »Kindheitsmustern« lebendig, wir brauchen kein Geschichtsbuch, um diesen Roman zu verstehen. Ein Kriegsroman, ein Zeitroman, ein Kindheitsroman, ein Roman über das Entstehen eines Romans ... Überfordert das heute? Wer will sich dem noch aussetzen? Wenn selbst Heiner Müller nur noch aus dem Pantheon raunt und der Wissensstand über eine Deutsche Demokratische Republik und ihre Literatur, ihre Romane, ihre Dichter und Schreiber vergilbt in den Bibliotheken ... Manches vielleicht zu Recht, vieles vielleicht zu Unrecht.

Der Leipziger Verlag Faber & Faber vollbrachte in den 90ern bis in die 2000er hinein die verlegerische Großtat, eine DDR-Bibliothek herauszugeben. Was bleibt? Und *wie sind wir so geworden, wie wir heute sind*? Mehr als zwanzig Bände. »Der geteilte Himmel« war dabei, aber auch »Das Impressum« von Kant. Wir kommen nicht los von ihm.

Er, also Kant (sprich doch, Kopf, Christa, damit wir endlich dieses erste Kapitel beenden können und damit auch die Causa Kant. Wenn es doch wenigstens Immanuel wäre!), war ja auch lange Jahre Chef des Schriftstellerverbandes der DDR, spitzelte hier und da, half aber sicher auch manchen Kollegen, verunglimpfte dann andere … Aber wozu diese Sätze, Denunziation und Gegendenunziation? Und noch ein Fragezeichen. Neben den vielen Punkten. Leerstellen. In der Stille.

Sprich doch, Kopf, Christa, wie standest du zu Kant, über den der Kritiker, Publizist und auch Verleger Fritz J. Raddatz einmal schrieb:

»Der ›GI Martin‹ war sicher kein großer Geheimagent; sowenig wie sein alter ego alias Hermann Kant ein großer Schriftsteller war. Er war bloß eine kleine Petze. Die Schleimspur dieses Dieners seines Herrn zieht sich durch meine Akte bis weit in die Jahre hin …«

So urteilen wir. Und verurteilen wir. Werner Heiduczek schrieb schon 1994:

»Goethe hat liebenswerte und keusche Frauen-
gestalten geschaffen. Er selbst war zeitweilig durchaus
ein Hurenbock. Und Heine, der feinsinnige Poet und
Sänger demokratischer Freiheiten, hat Bestechungsgel-
der vom französischen König angenommen, und seinen reichen Onkel hat er erpreßt. Ich sage das nicht, um
zu rechtfertigen, was an Versagen und was an Verrat bei
Schriftstellern in der ehemaligen DDR im nachhinein
an die Öffentlichkeit dringt. Wolf Biermann hieß während seiner Dankesrede zur Büchnerpreis-Verleihung
den Lyriker Sascha Anderson – Galionsfigur der oppo-
sitionellen Prenzlauer-Berg-Szene in Ostberlin – einen
Sascha Arschloch. Das hat starke Emotionen ausgelöst,
pro und contra. Tatsache ist, der als entschiedener Sys-
temgegner geltende Sascha Anderson hat über viele
Jahre als inoffizieller Mitarbeiter der Staatssicherheit
seine engsten Freunde verraten. Spieltrieb, Geltungs-
sucht, Neugier, Selbstüberschätzung waren sicherlich
neben manchem anderen Motive für ein derart ver-
abscheuungswürdiges Verhalten. Im April 1992 nahm
ich in Amsterdam an einem Symposium teil, das sich
mit dem schizophrenen Erscheinungsbild einer solchen Dichtung beschäftigte. Der niederländische Lyrik-
experte Alexander von Bormann zitierte Verse von
Anderson und Schedlinski, gleichfalls ein inoffizieller
Mitarbeiter des Ministeriums für Staatssicherheit, und

die Anwesenden im Saal kamen nicht umhin einzuräumen, daß es Verse von geistiger Tiefe und Schönheit waren. Und wie ist es mit Heiner Müller, über den Biermann sinngemäß sagt: ›Wie kann er wissen, ob er ein großer Dichter ist oder ein großes Schwein oder ein großes dichtendes Schwein.‹ Und wie ist es mit Christa Wolf, die einmal auch ›IM Margarete‹ hieß?

Will man ernstlich dahinterkommen, was vierzig Jahre DDR-Staat für die Menschen bedeutet, die dort geblieben sind, kommt man weder mit pauschalen Verurteilungen noch mit pauschalen Rechtfertigungen aus. Die menschliche Seele ist nicht zu definieren mit *ja, ja* und *nein, nein.*«

Heiduczek sagte mir einmal, dass ein Schriftsteller, ein Dichter doch immer zufrieden sein könne, wenn *ein* Buch bleibe, *ein* Gedicht, vielleicht sogar nur eine Zeile. Von Kant bleibt vielleicht nur »Der Aufenthalt«, beeindruckende Literatur, 1977 erschienen, ein Jahr nach »Kindheitsmuster«:

»Da kam der böse Koch herfür, da kam der Koch aus seiner Tür, da kam aus der Tür ein Soldat in weißem Kittel und schoß mir durch den Traum.

Da schoß ich ihm durch den weißen Kittel. Da war ich achtzehn Jahre alt.

Dann rannte eins durch den Winterwald, das wußte: Viele Köche bewachen der Soldaten Brei, viele Köche rächen eines Koches Tod, viele Köche lassen vom Löffel und nehmen das Gewehr, wenn es vor ihrem Herd geschossen hat.

So rannte eins durch den Wald und sah das Rehlein nicht im Tann und sah das Einhorn nicht und hörte nicht den Schuhu flüstern und lauschte nicht dem Singen der Elfen.

Ich bin gerannt. Wie lange, weiß ich nicht. Wohin, weiß ich nicht.«

Als ich einmal mit einem kleinen Lehrauftrag an der New York University versuchte, einer Handvoll Studenten etwas über eine deutsche Moderne nach 1945 zu vermitteln (gab es die überhaupt, also in der Literatur?), hatte ich diese Zeilen von Kant dabei. Aber ist das modern? Es hat auf jeden Fall Sound und Rhythmus. Hatte ich die »Kindheitsmuster« auf meinem Lehrplan? Ich muss gestehen, ich glaube nicht. Ist dieses essayistische Erzählen, das sein eigenes Voranschreiten permanent hinterfragt, Teil einer Moderne? Formen der klassischen Moderne wie in Brigitte Reimanns »Franziska Linkerhand«, mit der ich meine New Yorker Studentinnen und Studenten begeistern konnte, finden wir in »Kindheitsmuster« eher nicht. Obwohl, wer Faulkner zitiert zu Beginn: *Das Vergangene ist nicht tot; es ist nicht einmal vergangen …* Und auch auf dunkel fließende Faulkner'sche Bewusstseinsströme stoßen wir in diesem Roman von Christa Wolf durchaus. Wechsel der Erzählperspektive finden ebenfalls permanent statt, wenn auch nicht in so einer fließenden Eleganz wie bei der Reimann, die ihre Prosa immer weiter verdichtete. Aber zum Roman »Franziska Linkerhand«, der, wie auch die Romane von Werner Heiduczek und Erich Loest, in einem direkten Zusammenhang mit den »Kindheitsmustern« steht, werden wir bestimmt noch kommen auf unserer nicht enden wollenden Reise, auf unserer Suche nach Mustern und Stimmen und Antworten …

Wie in einem Roadmovie fahren wir in den »Kindheitsmustern« mit den Wolfs, die alle abgekürzt sind, andere Buchstaben, andere Namen, rüber nach Polen, begeben uns auf die Spur der Herkunft der Erzählerin, die keine Icherzählerin ist, und ihres Bruders, der auch mit im Auto sitzt (ein Trabbi? Eher ein Wartburg oder Lada). Dann die immer wieder aufblitzende dichte und bildhafte Erzählung über das Kind, über Nelly, über Nationalsozialismus, Alltag, Verblendung, Flucht und Kriegsgrauen, dazu die Einschübe über das Schreiben ebendieses Buches, der »Kindheitsmuster«, ein Schreiben, das tangiert wird vom Krieg in Vietnam, von anderen Ereignissen dieser Zeit, von Privatem, von Träumen und absoluter Erschöpfung, es ist auch der Bericht eines Scheiterns, der zum Bericht und zum Roman eines schmerzhaften Erinnerns und Reflektierens wird. *Wie sind wir so geworden, wie wir heute sind.* (Hatten wir schon, aber die Schichten schichten sich auf, schieben sich ineinander.)

Auch Raddatz, um wieder darauf zurückzukommen, musste bei Kants Roman »Der Aufenthalt« (ein junger deutscher Soldat wird mit einem SS-Mann verwechselt, gerät in Gefangenschaft und lernt so etwas wie Sühne, erfährt Schuld, erfährt Vergebung) zugeben, dass da, für Raddatz zumindest partiell, ein Meisterwerk entstanden war, Folgendes schrieb er in der *Zeit:*

»Seine Bewacher führen den jungen Gefangenen durch eine Wüste von Steinmehl und zerbröselnden Trümmern. Das war einmal ein Teil von Warschau. Diesen Teil nannte man ›das Ghetto‹: ›Wie der Aufstand war, hat man geschossen und gesprengt, und wie der Aufstand fertig war, hat man gesprengt und mit Flammenwerfern die Löcher ausgesäubert. Hundert Prozent, ihr habt wieder gemacht einen Weltrekord.‹ Es sind nur zweiundzwanzig Seiten – aber für diese zweiundzwanzig Seiten muß man Hermann Kant danken. Sie suchen ihresgleichen in der deutschen Gegenwartsliteratur. Nicht etwa, weil sie einem den Atem verschlagen; nein – Kant ist hier zu einer literarischen Intensität gelangt.«

Hier ist ein Übergang, *Intensität*, um nun endlich wieder zu deiner Literatur zu kommen, haben wir sie entschlüsselt, die »Kindheitsmuster«? Lassen sich die »Kindheitsmuster« überhaupt so einfach kategorisieren? Klinge ich schon wieder wie ein zweitklassiger Literaturwissenschaftler? Auch wie ein erstklassiger will ich nicht klingen, wir wollen doch gleich noch die große Soap des 11. Plenums, der Spitzeleien und Liebschaften, die große Soap des Bitterfelder Weges (»Schwarze Rosen in Bitterfeld«), die große Soap der Intrigen zwischen Ost und West, Freundschaft, Liebe, Hass unter Dichtern und Schreibern (»Der rote Sturm der Liebe«), die große Soap über Linientreue und Freigeisterei, über Verrat, Flucht und Anpassung entwerfen. Wer mit wem, wer gegen wen, wer verschwand, wer wurde sogar eingesperrt oder ausgesperrt, »Glanz und Elend der DDR-Literatur«, frei nach Balzac und seiner menschlichen Komödie.

Literarische Intensität jedenfalls, denn das war der Übergang von Kant zurück zu dir, steckt in beinahe jeder Zeile der »Kindheitsmuster«. Ich spüre die Sätze fast körperlich, werde schnell müde und auch ein wenig depressiv bei der Lektüre, setze mich aus, das schmerzt zuweilen, geht ans und aufs Herz, macht

Mühe, kostet Kraft, doch ich lese und lese, tauche tief ein in deine Zeiten, dein Schreiben …

Diese literarische Intensität der »Kindheitsmuster« und anderer Werke der Wolf erkannte auch Raddatz, das erkannten die meisten Kritiker, von dem absurden Vorstoß, deine »Kassandra« wegen angeblicher Humorlosigkeit in eine Art Anti-Kanon aufzunehmen, müssen wir nicht mehr reden.

Aber ist das Vergangene wirklich nicht vergangen, wie es am Anfang der »Kindheitsmuster« heißt? Wer kennt denn noch all die Namen, die wir hier seit einigen Seiten immer wieder einwerfen? Wir wollen ja, dass die Jugend wieder Wolf liest. Und sich in der Beschäftigung mit einer deutschen Literatur der DDR bewusst wird, wie wir so geworden sind, wie wir heute sind. Kein *Vor uns die Sintflut.* Sollte ich vielleicht ein Glossar anlegen, ein Register, in dem ich, mit dem nötigen Humor (!) und der nötigen Überspitzung (ja, ja!), all die Namen referiere und abhandle, mal lang, mal kurz, damit die jungen Leser bei der Stange bleiben? *Ausrufezeichen.* Die Alten, die das alles schon kennen, können ja weiterblättern.

Heiduczek, Werner. Der große Unbekannte unter den Klassikern. Lebte in Leipzig. Wurde steinalt. Schrieb den großen Roman »Tod am Meer«, der 1977 erschien, ein Jahr nach »Kindheitsmuster«, im Jahr meiner Geburt. (Auch deswegen wurden wir später Freunde.) Heiduczek harrte aus, als er nach 1977 fast zehn Jahre keine Prosa mehr veröffentlichen konnte, weil der sowjetische Botschafter den Roman anprangerte und dieser dann kurz nach dem Erscheinen wieder aus den Buchhandlungen verschwand. Die Vergewaltigungsexzesse sowjetischer Soldaten wurden darin in einer (unfassbaren) Szene in und vor einer Scheune beschrieben. Auch in »Kindheitsmuster« klingt dieser Topos an. Zeigt sich zuerst in der Angst vor *den Russen*, die Nelly auf der Flucht, im Treck von Osten nach Westen, verspürt, als sie das Wort »Vergewaltigung« erstmals hört.

Heiduczek war ein so kluger Erzähler, dass er seinen Jablonski, denn so heißt der Titelheld, der Antiheld in »Tod am Meer«, immer wieder nachfragen lässt, als dieser mit einem befreundeten sowjetischen Dichter, der im großen Krieg an der Front war, auf einem Fluss, auf einem Dampfer, durch die Taiga fährt beziehungsweise dampft (»Der Mond spiegelte sich im Wasser. Die Taiga war ein dunkles Band, über das helle Feuer aufstiegen – Fackeln verbrennenden Erdgases.«):

»Habt ihr vergewaltigt?« Und irgendwann kommt die Antwort des sowjetischen Dichters: »Ob Griechen oder Römer, Osmanen oder Chinesen, Amerikaner oder Russen, Engländer, Franzosen oder Deutsche, schick sie in den Krieg, und es wird Mord geben, Raub, Plünderung und Vergewaltigung. Ich finde es dumm, den Menschen in den Zustand des Tieres zu versetzen und dann über seine Unmoral zu meditieren. (...) Wenn es in tausend Jahren noch Kriege geben sollte, wird es nicht anders sein. Das schwör ich dir.«

Heiduczek schrieb dann Kinderbücher. Hielt sich über Wasser, klagte darüber später nie. Er erzählte mir einmal, wie er versuchte, den Erik Neutsch *(siehe Neutsch, Erik)* davon abzubringen, an seinem Romanmanuskript »Auf der Suche nach Gatt« zu viele Änderungen vorzunehmen, weil das Manuskript skeptisch gesehen wurde (also im ideologischen Sinne) und möglichweise erst mal nicht erschienen wäre (Anfang der 70er). »Warte ab, Erik, das wird sich in wenigen Jahren erledigt haben, dann werden die das schon drucken.« Aber Erik wartete nicht ab. Schrieb um. Und versaute einen potenziell großen Roman. Heiduczek selbst war so kritisch, dass er seinen ersten Roman »Abschied von den Engeln« (großer Titel!) im Nachhinein als nur bedingt gelungen bezeichnete, er hätte inhaltlich zu viele Kompromisse gemacht, hätte hier und da deutlicher sein können. Aber so war das eben. Dafür dann aber »Tod am Meer«, eines der mutigsten Bücher der DDR-Literatur.

Nur der Anfang von Erik Neutschs »Auf der Suche nach Gatt« ist noch mutig. Gatt is no Gott. Gatt verweigert sich der DDR, verschwindet, wird gesucht (aber wird später, durch seinen Erschaffer Neutsch, in unerträgliche Stereotype gepresst, Faschisten mit bösartigen Gesichtern treiben ihr Unwesen am 17. Juni 1953):

»Es ist Nacht. Die Räder hämmern über die Schienen. Draußen liegt die Erde unter dem Schnee, und weit oben, kann ich erkennen, sobald ich die Stirn fest an die Scheibe presse, flimmern die Sterne. Unendlichkeit. Nirgends ist die Welt zu Ende. Die Astronomen sagen, daß auch das Leben auf unserem Planeten nichts Außergewöhnliches sei. Irgendwo existiert die Vernunft noch einmal. Sie liegt nur noch außerhalb der Reichweite unserer Teleskope, außerhalb unseres heutigen Wissens. Also: Was ist der Mensch? Ein Gegenzug rast vorbei. Licht und Schatten. Lichtschatten. So nahmen wir damals Abschied. Im Gegenüber des Zuges glaubte ich Gatts Gesicht zu entdecken. (…) Hinter einem der erleuchteten Fenster war ein Schattenriß aufgetaucht, seinem Profil sehr ähnlich. Doch die Lichtpunkte wurden kleiner. Bald verschwanden sie in der Dunkelheit.«

Was hätte aus diesem Roman werden können. *Gatt* blieb so der Olymp der Meisterwerke verwehrt. Heiduczek aber *is god* mit »Tod am Meer«. Ähnlich wie in »Kindheitsmuster« taucht hier ein Erzähler in seine Vergangenheit ab, Krieg, Nachkrieg. Er liegt, nach einem Blutgerinnsel im Hirn, in einem bulgarischen Krankenhaus. Spricht zu seinem Mitpatienten Bai Dimiter, dem er in einem poetischen Lamento, einem großen Gesang gleich, seine Verfehlungen beichtet, sein Leben erzählt. Anders als in »Kindheitsmuster« ist das eher naiv erzählt, ohne essayistische selbstreferenzielle Ebenen, in einem ans Märchen, an eine Legende erinnernden Ton, der aber immer wieder zum schonungslosen Bericht wird:

»Aber das alles wollte ich dir eigentlich nicht erzählen, Bai Dimiter. Das mit der Synagoge, mit Stallmach (…). Ich suche den Punkt, von dem aus mein Leben anfing, falsch zu laufen. (…) Komm, setz dich zu mir, ich will dir … erzählen und nichts verschweigen. Zu viel verschweigen wir, Bai Dimiter, aus Angst, aus falschem Glauben, aus Resignation. Setz dich nicht vors Fenster, ich möchte den Himmel sehen.«

Heiduczek drehte seine Seele nach außen, war ein großer Stilist, stilisierte das, was er als Prosa seinem Leben abringen konnte. Er verkaufte sich nie, ging kaum einen Kompromiss ein. Anders als sein Freund Neutsch.

Neutsch, Erik. Der Handwerker der DDR-Literatur. Kam, wie die Wolf, aus dem Journalismus. Sein großer Bau-Roman »Spur der Steine« wurde als bestes Beispiel für den Bitterfelder Weg gefeiert, stand in jedem DDR-Bücherregal und wurde auch im Westen viel gelesen. Wenn man das dicke Buch heute wieder liest, fällt auf, wie viele grandiose, packend und modern geschriebene Passagen solchen gegenüberstehen, die an Kolportage erinnern, die Liebesszenen lassen einen grausen, und wie der rebellische Zimmermann Balla dann doch noch geläutert der Partei zugeführt wird, erinnert schon an das Fiasko von »Auf der Suche nach Gatt«. Dennoch ein beeindruckender Roman, aus dem der Staub der Baustellen zu uns dringt.

Neutsch lebte in Halle, wo auch die Wolfs eine Zeit lang wohnten. Veröffentlichte im Mitteldeutschen Verlag, in dem auch »Der geteilte Himmel« erschien. Starb an einem 20. August, ich wurde an einem 20. August geboren. An einem 20. August enden die »Jahrestage« von Uwe Johnson.

Jakobs, Karl-Heinz. Mit seinem Roman »Beschreibung eines Sommers« (1961) der Hemingway der DDR-Literatur:

»Der Sommer, von dem ich erzähle, war heiß und trocken und ohne Stürme, und er erzeugte später eine grausame Dürre. Der letzte Regen fiel Mitte Juni, und dann kam lange Zeit nichts. Im September gab es einige sehr schöne Tage, und im Oktober regnete es wieder ein bißchen. Aber da war es natürlich längst zu spät. Und am sechzehnten November fiel bereits der erste Schnee.«

Später war er einer der Unterzeichner der Petition, mit der gegen die Biermann-Ausbürgerung protestiert wurde. Musste die DDR verlassen. Berichtete darüber in seinem 1983 erschienenen Erinnerungsbuch »Das endlose Jahr«. Abrechnung mit dem Stalinismus, Abschied von allen Hoffnungen und Idealen. Auch hier der Versuch zu begreifen: *Wie sind wir so geworden, wie wir …* Aber das kennen wir ja schon. Wie auch *diesen* Schlingel:

Kant, Hermann. Nicht zu verwechseln mit Kant, Immanuel. Der eine befürwortete den Tyrannenmord unter Umständen, der andere wurde irgendwann selbst ein ganz ganz kleiner. Im Verhältnis. *Ausrufezeichen.* Beziehungsweise diente einem kleinen. Als Christa Wolf wegen ihrer Proteste gegen die Biermann-Ausbürgerung unter Beschuss geriet (warum immer diese militärischen Termini?), mischte sich Kant in die Diskussion ums Parteiausschlussverfahren ein, und das schildert der Schriftsteller Karl-Heinz Jakobs *(siehe Jakobs, Karl-Heinz)* so:

»Nun mache er darauf aufmerksam, rief Kant, wie anders es in diesem Verfahren sei, denn gewöhnlich versuchten sich die Beschuldigten reinzuwaschen, hier aber beschuldige sich die Beschuldigte selbst. Deshalb müsse er einspringen, um die Genossin Christa Wolf gegen sich selbst in Schutz zu nehmen.« Da sind wir doch schon oder wieder mitten in unserer Soap! Noch mal Jakobs und seine Beschreibung von Kants Litanei: »Die Genossen, die mit ihr gesprochen hatten, um sie umzustimmen, hätten übereinstimmend gesagt, die Gespräche mit Christa Wolf seien tief in ihr Partei- bewusstsein gedrungen. Er bitte sie nun, sich von der Partei vor ihr selbst in Schutz nehmen zu lassen. Übri- gens sei ihm berichtet worden, daß Gerhard Wolf sich erkundigt habe, wo er Revision gegen den Ausschluss beantragen könne. Ihr Mann brauche nur den Antrag zu stellen, er, Kant, sei überzeugt, daß man ein so erns- tes Anliegen wohlwollend prüfen werde.«

Fries, Fritz Rudolf. Magischer Realist und Surrealist der DDR-Literatur, die ja immer auch eine deutsche war. Fries' avantgardistisch-realistischer Leipzig- und Jazz- Roman »Der Weg nach Oobliadooh« (1966) konnte nur, durch Uwe Johnsons Vermittlung, im Westen er- scheinen, bei Suhrkamp. Johnson schmuggelte Fries' Manuskript, wie gesagt, bei seiner Flucht durchs noch passierbare Berlin mit rüber (habe ich irgendwo gelesen, passt auch gut in unsere Soap). Fries war ein absoluter Einzelgänger, passte in keine Zeit und in keine Strömung der Gegenwartsliteratur, war eher ein pikaresker Harlekino, ein Sancho Pansa, der aber lachend auf die Windmühlen aufspringen wollte, geboren tatsächlich in Bilbao als Sohn eines deutschen Händlers, wuchs dann im mythischen Leipziger Vorort Leutzsch unter spanischen Tanten auf. Verschob die Gegenwart in seiner Prosa, ließ die Toten wiederauferstehen und einen weißbärtigen Gott durch Leipzig streunen, der aus jener Klapsmühle abgehauen war, in der dann einige weitere Fries'sche Helden und Harlekinos enden.

Der Schriftsteller Fries war kleinwüchsig, schien aus einem Märchen von E. T. A. Hoffmann zu stammen, bumste die schönsten Frauen auf Holzstapeln stehend im Garten, blieb auch deswegen im Osten (beides ebenfalls passend für unsere große Soap!). Wurde nach Bekanntwerden beziehungsweise Selbstbekanntgabe seiner doppelten Identität (gemeint ist nicht das Holzstapel-Bumsen) vom wiedervereinigten beziehungsweise immer noch westdeutschen Literaturbetrieb fallen gelassen. Fasste danach nie wieder Fuß, anders als Christa Wolf, die diese Krise der frühen 90er, die sie beinahe nicht überlebt hätte, dann doch überwand und nach mehr als zehn Jahren der Schreibarbeit ihren viel beachteten letzten Roman »Stadt der Engel« vorlegte. Sehr melancholisch (*müde* will ich nicht sagen) wirkt diese letzte Prosa aus einer neuen Zeit und einer neuen Welt (L. A.), beinahe somnambul, aber stets wach resümierend, der Strom der Prosa treibt uns zurück ins große funkelnde Gatsby-Land:

»Totes Tal. Tal der Toten. Dort lagen sie alle, meine Toten, und quälten sich aus ihren Gräbern, während ich über sie hinflog. Sieh nur hin, sagte Angelina. Wie lange war sie schon neben mir? Wie lange schwebten wir schon über der Landschaft? Ich dachte, ob die Toten mir vielleicht etwas sagen wollten. Angelina, die meine Gedanken kannte, sagte: Nein. Das sei ein Aberglaube der Lebenden, daß die Toten eine Botschaft für sie hätten. Zu ihren Lebzeiten waren sie nicht klüger, als die Lebenden es heute sind.

Im Tod lernt man nichts. Das fand ich traurig.«

Und auch ich bin nun traurig, *o du Falada, da du hangest* … Müde bin ich auch. Nach Monaten des Schreibens und Lesens. Des *Sichaussetzens*. Was waren das für Zeiten, die ich hier in einer großen Soap wiedergeben will, nein, *muss*, um nicht den Verstand zu verlieren.

Und wieder fixiere ich den schweigenden Kopf auf meinem Fensterbrett: Die Toten haben keine Botschaft? Das kann doch nicht dein Ernst sein. Ich höre doch schon seit Wochen und länger auf sie. Und auf dich. *Das Vergangene ist nicht tot.* So war das doch!

Loest, Erich. Sieben Jahre Knast für nichts. Dafür fast genauso steinalt geworden wie Heiduczek. Proletarierschriftsteller im besten Sinne. Sah sich gern als ostdeutscher Hans Fallada. Lehnte seinen Knastroman »Schattenboxen« an Falladas »Wer einmal aus dem Blechnapf frisst« an. Steht in unserer Soap über den wilden, wilden Osten für die Knastgeprüften, die Eingesperrten, die Weggeschlossenen, die Bautzen-II-Häftlinge. Sieben Jahre, das ist die Zauberbergzeit. Loests Roman »Es geht seinen Gang oder Mühen in unserer Ebene« ist ein Wunderding, denn er führt uns in eine DDR, die wir riechen und schmecken können, Kleinbürger und Proletarier, die Mühen der Ebene nach den Revolutionen, von denen Brecht sprach ... Als das Buch in meinem Geburtsjahr 1977 erschien, wohnten die Loests bei uns um die Ecke, natürlich in der Oststraße. Wahrscheinlich saß Loest mit meinem Vater mehr als einmal zufällig zusammen in der Kneipe. Christa Wolf schrieb im Frühjahr 1978 an Loest, kurz bevor sein Roman wie auch Heiduczeks »Tod am Meer« wieder aus den Buchhandlungen verschwand:

»Ich hab Dein Buch gelesen (...) und möchte meine Freude darüber ausdrücken. Dir ist, finde ich, etwas Wichtiges gelungen, nämlich Alltag wahrheitsgetreu zu beschreiben, frei von rosa oder grünen oder sonstigen Ideologie-Brillen. (…) Und sonst ›riecht‹ man geradezu DDR-Wirklichkeit: Im Neubauviertel, im Büro und in der Altbauwohnung, das stimmt einfach alles, so leben die Leute, so reden sie, so richten sie sich ein. (…) In diesem Land versteht man ganz gut, einander fertig zu machen, besonders unter Autoren, da sollten wir doch auch ein bißchen darauf achten, uns, wenn es möglich ist, gegenseitig zu bestärken. Das wollte ich eigentlich, und mich bedanken als Leser. Ich hoffe, es geht Dir gut, und Du kannst normal arbeiten.«

Aber normal arbeiten konnte Loest nicht. »Durch die Erde ein Riss«, den literarischen Bericht über seinen Weg vom jungen Nazi zum Kommunisten und schließlich eingeknasteten angeblichen Umstürzler, konnte er nur im Westen veröffentlichen, wohin man ihn schließlich ausreisen ließ.

Ich hörte Loests Stimme aus den Lautsprechern des Stadtfunks, im Frühjahr 1990 muss das gewesen sein, da las er mit seiner knarzigen sächsischen Stimme aus dieser Lebensbeichte, ich war natürlich viel zu jung, um diesen Riss, der nicht nur durch die Erde, sondern auch durch die Körper und Seelen ging, zu begreifen. Wollte aber wissen. Alles, aber auch alles veränderte sich. Da musste ich lesen, um zu wissen. So dachte ich damals. Frühreif. Aus den eigenen Kindheitsmustern fallend. Und las wenig später Loests »Durch die Erde ein Riss« und dann auch schon die »Kindheitsmuster«, die mir, auf den Baustellen der 90er, wie ein dichter Roman vorkamen, sich doch aber (hatten wir das schon oder kommt das noch?) dieser Form verweigerten, warum zweifeltest du (der Kopf schweigt und wird wohl immer schweigen) am Roman? Keines deiner Bücher trägt diesen Untertitel.

Loests »Durch die Erde ein Riss« ist ein Bericht. Will berichten, nichts fiktionalisieren, keinen Sound erzeugen, keine Experimente mit Prosa und der Entstehung dieser Prosa betreiben wie eben Wolfs essayistischer Text, der die Zeiten miteinander verknüpft, die Chronologie aufbricht, die Zeit und das seltsame Vergehen der Zeit selbst zum Gegenstand der Prosa macht. Wer bin ich, wenn ich erinnere. Welche Fiktion schreibe ich mir zu in meiner Suche nach einer Wahrheit, Roadmovie in die Vergangenheit …

Im Staub der Baustellen versuchte ich zu begreifen, wie das Leben in der Nazizeit funktionierte, welche Muster sich einbrannten in die Kinderwelten, in die Kinderseelen. STOPP, will ich rufen. Zu viel des Pathos. Gibt es denn gar keinen Humor in deinen Büchern? Doch, gibt es, aber als ob das ein Kriterium wäre. Jetzt klinge ich ja wirklich wie ein zweitklassiger Literaturwissenschaftler …

Hatte ich mir nicht irgendwo notiert, dass deine frühe Prosa mich manchmal an die melancholische Luftigkeit eines Nouvelle-Vague-Filmes erinnerte?

»Zum Glück treibt das Leben selbst die Romanhandlungen an, allerdings nur infolge der seltsamen Inkonsequenz unserer Seele. Ein romantisches Motiv aus ihren Studententagen: Kostja, so nannte sie ihn. Kostja oder die Schönheit.«

Das ist aus »Nachdenken über Christa T.« von 1968, genau wie folgende kurze Passage, die wir hier zitieren müssen, weil sie nicht nur wunderschön ist, sondern mich, den Enkel, inspiriert hat, eine, nein zwei Figuren nach diesen Vorbildern zu erschaffen:

»Da waren sie schon an ihrer Haustür. Sie brachte Gertrud wieder zurück und überlegte laut, wie aus den Stücken von Leben, die jedem hingehalten werden, ein ganzes Leben zu machen wäre und ob dies überhaupt das Ziel sei … Wenn aber dies nicht, was dann? Da gingen sie wieder zu ihrem Haus zurück. Die Stadt war schon verstummt. Fern in der Hauptstraße fuhr die letzte Straßenbahn. Vor Müdigkeit lehnten sie sich an eine Plakatwand. Hinter einigen Fenstern brannte noch Licht. Warum blieben die Leute wach? Griff die Unruhe um sich? Steckte sie alle an? Und wie sollte man ihnen Mut machen zu ihrer Unruhe? *Sehnsucht, du Vogel mit dem leisesten Schlaf …«*

In meiner Erzählung »Späte Ankunft« sind es zwei alternde Damen, die sich nachts auf dem Leipziger Hauptbahnhof begegnen, die Friseurin Birgitt und die Bahnreinigerin Christa. Sie lehnen sich aneinander in einer Bahnhofskneipe, in die sie nach ihren Schichten einkehren. *Sehnsucht, du Vogel mit dem leisesten Schlaf …* Um den Ton der beiden Damen zu finden und zu treffen, las ich wieder und wieder im Briefwechsel zwischen Christa Wolf und Brigitte Reimann, der einem förmlich das Herz zerreißt. Moment, die lebenshungrige Brigitte Reimann muss doch noch rein in mein Register, die darf nicht fehlen in der großen Soap, bin ich doch seit Jahren verliebt in »Franziska Linkerhand«, so wie ich mich bei der Lektüre der »Kindheitsmuster« abwechselnd in Nelly (das Kriegskind) und Lenka (die Tochter der Erzählerin) verliebte, so einfach und doch poetisch sind diese jungen Mädchen beschrieben …

Doch da regen sich plötzlich die bronzenen Lippen, vernehme ich spröde erst und flüsternd, dann klingender und voller deine Stimme, als müsstest du mir nun endlich Einhalt gebieten, da spricht nun doch der Kopf zu mir, *o du Falada, da du hangest,* o Königstochter, da du gangest, leise, damit wir zuhören:

2 DAS VERGANGENE
IST NICHT TOT

Eine Erschütterung fand statt im Frühjahr 2022. Nichts ist mehr dasselbe bei der Lektüre. Bei der Arbeit. Im Schreiben. »Kindheitsmuster«, das auch ein Buch über den Krieg ist, liest sich nun plötzlich anders.

Hätten wir diesen Roman nicht immer schon hochhalten müssen? Sollte er nicht Schul- und Universitätsstoff sein? Warum haben wir diese brennende Literatur mehr und mehr ins Vergessen gedrängt? Ein Roman ist ein Roman ist kein Roman. Was ist dann dieses Buch? Ein *ungeheurer Raum* (frei nach E. E. Cummings, *The Enormous Room*), in dem Krieg, Mythos, Chronik, Experiment und Fragment, Essayistisches und Fantastisches, Erzählen, Montage und Linearität und Formbefragung gleichermaßen Platz finden? Im Frühjahr des Jahres 2022, fast fünfzig Jahre nachdem »Kindheitsmuster« erschienen ist, verschiebt sich etwas. Ich lese nun anders, atemloser, voller Angst, voller Hoffnung, voller *Wissenwollen*. Wie sieht er aus, der Krieg? Was ist das, Flucht? Ich sprach von »brennender Literatur«. Brennt nicht eher immer die Welt? Und nun wieder an jenen Orten, die in »Kindheitsmuster« so eine wichtige Rolle spielen. Auch wenn die Sowjetunion nicht mehr existiert.

Ein Kapitel des Romans trägt den Titel »›Mit meiner verbrannten Hand ...‹ Entblößung der Eingeweide: Krieg«. Dem Kapitel sind zwei Gedichtzeilen von Ingeborg Bachmann vorangestellt: »Mit meiner verbrannten Hand schreibe / ich von der Natur des Feuers«. Das Kapitel, es ist das achte, beginnt mit dem Satz: »Der Hang zur Authentizität nimmt zu.« Als müsste sich die Erzählerin noch einmal darauf besinnen, dass nun, angesichts des Unvorstellbaren, dessen Zeuge sie ja geworden ist, des Krieges, nur noch der Versuch einer absoluten Wahrhaftigkeit gültig sein kann. Was nützt Fiktion angesichts des Grauens? Wolf schreibt weiter in diesem Kapitel:

»Um 16 Uhr 30 mitteleuropäischer Zeit ist es in Chile 11 Uhr 30 vormittags. Wer dies in frühestens drei Jahren liest – wird er sich anstrengen müssen: Wer war Corvalán? Einer der vielen, denen wir nicht haben helfen können?

Einer jedenfalls, der in diesen Wochen nicht nach einem Buch, nach beschriebenem Papier greifen würde, sondern, wenn er könnte, nach dem Gewehr.

Das und die Befürchtung, die zunimmt, erklärt die Pause zwischen den Kapiteln: Die Beschreibung der

Vergangenheit – was immer das sein mag, dieser noch anwachsende Haufen von Erinnerungen – in objektivem Stil wird nicht gelingen. Der Doppelsinn des Wortes ›vermitteln‹. Schreibend zwischen der Gegenwart und der Vergangenheit vermitteln, sich ins Mittel legen: Heißt das: versöhnen? Mildern? Glätten? (…)

Dieses Kapitel, seit langem dazu bestimmt, von Krieg zu handeln, wird wie jedes andere auf Blättern vorbereitet, die Überschriften tragen wie: Vergangenheit. Gegenwart. Reise nach Polen. Manuskript. (…) Dieser fatale Hang der Geschichte zu Wiederholungen, gegen den man sich wappnen muß.«

Eine Erschütterung fand statt. »Kindheitsmuster« ist auch ein Buch über den Krieg, über die Flucht, über die Schuld. Die Kriege der Welt brechen in den Text, brechen in die Jahre 1944/45 hinein. Vietnam, Naher Osten, Südamerika.

Und nun, im Frühjahr 2022, beginnt ein Krieg, der Christa Wolf, die in ihren Kindheitsmustern durch das Totalitäre und den Krieg so geprägt wurde, zutiefst erschüttert hätte. Die, die einst befreiten, sind nun die Aggressoren. *Von der Sowjetunion lernen heißt siegen lernen*? Die Welt ist endgültig aus den Fugen.

Stimmen. Ein Zwischenspiel

Es lebte einmal eine alte Königin, der war ihr Gemahl schon lange Jahre gestorben, und sie hatte eine schöne Tochter ... *gleichzeitig hielt sie den Endsieg noch immer für möglich. Lieber in absurdes Denken flüchten, als Undenkbares zulassen. Sie fauchte ihren Großvater an, der mit seinem zahnlosen Mund den Krieg für verspielt erklärte.* Bald aber sprach die falsche Braut zu dem jungen König: »Nun, so laßt den Schinder rufen und da dem Pferde, worauf ich hergeritten bin, den Hals abhauen, weil es mich unterwegs geärgert hat.« Eigentlich fürchtete sie, dass das Pferd sprechen möge, wie sie mit der Königstochter umgegangen war.

Einmal sah Nelly schrecklich abgemagerte Frauen in Sträflingskleidung am Straßenrand hocken und sich entleeren, ihr nacktes Gesäß der Straße zugekehrt, gleichgültig, wer da vorbeikam. Sie haben keine Scham mehr, sagte Schnäuzchen-Oma und verriet ein schreckliches Wissen durch das Wort »mehr«. Nelly empfand heftig die Scham, die jene verloren hatten. Hätten nicht wenigstens die Bewacher, Männer, sich umdrehen können, fragte sie sich. (...) Keiner verlor ein Wort über die Frauen, an denen man vorbeizog (immer vorbeizog), als hätte es sie nicht gegeben. Ihre Blicke, geübt im Wegsehen, zogen sich eilig von ihnen zurück. Was man nicht oder fast nicht gesehen hat, kann man leichter vergessen. Der Vorrat an Vergessenem wuchs.

Aus einem Märchen:

Ein Hans, Halbjude, der mit meiner Mutter über viele Jahre zusammenlebte und den Krieg und das Dritte Reich als Kind nur überlebte, weil sein Großvater (der Vater seiner deutschen Mutter) ein hohes Tier bei der Gestapo oder der Polizei in der Stadt L. war und die Rassegesetze für die Familie außer Kraft setzte, erzählte mir einmal, wie die Russen (die Soldaten der *Roten Armee*) kamen, um diesen Großvater abzuholen. Aber Hans, der als Vierjähriger den Führer auf dem Opernbalkon der Stadt L. gesehen hatte, wo dieser eine Rede hielt (später sprach dort Helmut Kohl, auch Opernbalkon, aber ein anderer, weil die alte Oper zerbombt worden war), lag mit Diphterie, Scharlach oder einer ähnlichen Krankheit im Bett. An der Wohnungstür befanden sich Quarantänezeichen. Die Russen vermuteten Typhus und verließen unter großem Gepolter der Stiefel und ohne den in der Wohnung zitternden Nazigroßvater wieder das Wohnhaus.

»Wie Charlotte einmal, als sie nachts im Haus die jungen Frauen schreien hörte, auf ihrer Türschwelle eine Flasche Lysol auskippte und dem Einlaß fordernden Soldaten entgegenrief: Typhus! Ein Wort, das in jeder Sprache verstanden wird und wie ein Bannfluch wirkt. Niemand betrat für diesmal das Zimmer, bis auf Herta, Frahms Magd, die neben der Tür zu Boden fiel: Frau Jordan, was haben sie mit mir gemacht.«

Von meinen Großmüttern:

Die Mutter meines Vaters wurde auf der Flucht von der Roten Armee eingeholt. Sie kam aus Ostpreußen. Aus einer Großbauernfamilie. Ein Offizier der sowjetischen Armee hatte ein Auge auf die Siebzehnjährige geworfen. Es hieß später, und die Großmutter, die Oma, sprach nicht viel darüber, dass sie das Dorf, die Flüchtlinge, gerettet hätte, weil im Fall einer Weigerung … Die Oma kam mit dem sowjetischen Offizier, der sie *zwang* in jeglicher Hinsicht, bis nach Berlin. »Über Leichenberge« sei sie geklettert, sagte sie zum Ende ihres Lebens. Der Offizier ließ sie dann wieder frei. Oder sie konnte fliehen im Zuge des Sieges der Sowjetarmee über Nazideutschland. Und wie sie lief, die Oma! Sie sah ihre Füße, blickte immer wieder auf ihre Füße, die wie aufgezogen über den Asphalt, die Steine,

74

den Staub flogen. So kam es ihr vor. Sie sah sich selbst von oben, wie sie mir erzählte. Zum Schlafen ist sie einmal und immer wieder auf einen Baum geklettert.

Die Mutter meiner Mutter sah das brennende Dresden. Sie liebte den Führer als junges Mädchen, war gefangen in den Kindheitsmustern ihrer Herkunft, ihres Aufwachsens, auch ihres Vaters, der ein Lehrer war und 1945, kurz nach Kriegsende, plötzlich verstarb. Brachte er sich um, wie so viele? Wir wissen es nicht. Die Großmutter schämte sich zeitlebens ihrer Führerschwärmerei. Sie war beim Bund Deutscher Mädel gewesen. Sie sah sich als Antifaschistin, als Pazifistin, war in keiner Partei, vertraute keiner Ideologie, sah aber den Kapitalismus als bizarres Konstrukt. Als 1999 deutsche Flugzeuge über Serbien und Montenegro bei den NATO-Bombardements mitwirkten (*BILD:* DEUTSCHE FLIEGERASSE ÜBER BELGRAD), war sie zutiefst erschüttert. *Das Vergangene ist nicht tot.*

3 ENKEL

Am 21. November 1989 hält Christa Wolf eine Poetikvorlesung an der Leipziger Karl-Marx-Universität. Ich
bin zwölf Jahre alt, Christa Wolf kommt allenfalls am
Rande meiner Welt vor.

Meine Mutter nimmt mich in den Herbstmonaten
1989 hin und wieder mit auf Montagsdemonstrationen,
auch die eigene Neugier treibt mich in den Abend-
stunden dorthin, zu den *Vorgängen* in der Innenstadt,
durch die ich auf meinem Rückweg von der Arbeitsge-
meinschaft »Junge Rezitatoren« jeden Montag mit der
Straßenbahn fahre.

Christa Wolf liest und redet an diesem 21. November 1989 auf Einladung von Walfried Hartinger, der als
Professor an der Sektion Germanistik und Literatur-
wissenschaft der Karl-Marx-Universität Leipzig lehrt.
Professor Hartinger, der diese Poetikvorlesungen unter
dem schönen Namen »… diese Stunde gehört den Autoren« initiierte, werde ich gut elf Jahre später als Do-
zent am Deutschen Literaturinstitut kennenlernen, ein
begeisterter und begeisternder Lehrer, der mit uns Studenten über Brecht und Seghers diskutierte und immer

versuchte, zum Kern unserer Schreibversuche vorzudringen. Wie seine Augen leuchteten, wenn er über die Literatur sprach!

Dicht stand der Rauch in seinem Büro, Hartinger rauchte die alte Ostmarke *Duett*, extralange Zigaretten, extrastark! Wie gerne er auch ein Bier mit uns Studenten trank, so wie er Bier oder Wein mit vielen der Großen der DDR-Literatur getrunken hatte, dicht stand der Rauch. Und wer war nicht alles dabei gewesen (neben Christa Wolf) bei seiner Pioniertat im Herbst 1989, »… diese Stunde gehört den Autoren«, eine Stunde, von der wir Studenten nichts wussten, knapp zehn Jahre später, am Literaturinstitut, die verschwunden war in den Wirren dieser Zeit: Christoph Hein, Volker Braun, Jurij Brězan, Bernd Jentzsch, Rainer Kirsch, Helga Königsdorf und andere noch … (Fast erliege ich der Versuchung, hier näher auf Jurij Brězans fantastischen und magischen Märchenroman »Krabat oder die Erfindung der Welt« einzugehen, aber so wie Christa Wolf sich immer wieder diszipliniert in ihrem Mäandern und Suchen und Kreisen, kehre auch ich vorerst zum Ausgangspunkt zurück, wenn es den denn gab …)

Unter uns Studenten am DLL erzählte man sich auch, dass Professor Hartinger und seine Frau, Professor Christel Hartinger, auch sie hatte sich der Literatur verschrieben, ein offenes Haus führten in den Jahren vor der Wende, dass Dichter und Schriftsteller (Männer und Frauen natürlich, ich möchte das nur erwähnen, denn ich verfalle scheinbar automatisch in den alten maskulinen Duktus, es muss an der Reise in eine Zeit liegen, in der das Usus war) stets vorbeikommen konnten, dass er und sie immer ein offenes Ohr hatten, ein Glas, eine Zigarette …

Begeistert nahm Hartinger dann auch meine ersten Schreibversuche zur Kenntnis, kurze Etüden der Leipziger Vorstädte, Short Storys über Kleinkriminelle und jugendliche Verlorene, mit all ihrer Wucht und Unfertigkeit. Erkannte er in meinen Protagonisten die Enkel seiner Generation, die auf den Trümmern des gescheiterten Traums Sozialismus tanzten, sozialisiert noch in den Kneipen ihrer Väter, den Kindergärten ihrer Mütter, erkannte der Professor die Tragik meiner DDR-Kinder, die ihre Jugend im goldenen Westen gewannen und verloren?

»Kinderspiele« hieß einer dieser Texte, später wurde er, umgearbeitet, aber unter demselben Titel zum ersten Kapitel meines ersten Romans »Als wir träumten«. Die Nähe der »Kinderspiele« zu Wolfs »Kindheitsmuster« war mir durchaus bewusst.

»Ich kenne einen Kinderreim. Ich summe ihn vor mich hin, wenn alles anfängt, in meinem Kopf verrückt zu spielen. Ich glaube, wir haben ihn gesungen, wenn wir auf Kreidevierecken herumsprangen, aber vielleicht habe ich ihn mir selbst ausgedacht oder nur geträumt.«

Hatte ich da auch den Anfang der »Kindheitsmuster« im Ohr? Wie lange ringt man doch um die ersten Sätze … »Das Vergangene ist nicht tot; es ist nicht einmal vergangen. Wir trennen es von uns ab und stellen uns fremd.« Dass sie mit dem ersten Satz der »Kindheitsmuster« William Faulkner zitiert und leicht variiert, wusste ich damals nicht, obwohl ich Faulkner las und verehrte und Faulkners Kriegsroman »Eine Legende« zu meinen eindrücklichsten Leseerfahrungen zählte. Wie war es nur möglich, eine solche sprachliche Dichte wie Faulkner zu erzeugen?

»… dem einsamen grauen Mann, der, geschützt von den drei Wachen, hinter der eisenharten, gemeißelten Tür und den drei symbolischen Fahnen des *Hotel de Ville* allmächtig und unerreichbar an höchster Stelle stand, der Großhandel mit dem Tod trieb und das Regiment verdammen konnte, das ihm unter den Myriaden, in denen er handelte, ebensowenig fehlen würde wie ein Kopfnicken oder eine Bewegung der erhobenen Hand, womit er sie retten konnte. Denn sie glaubten nicht, daß der Krieg vorüber sei. Er hatte schon zu lange gedauert, um auf diese Weise plötzlich und über Nacht aufhören, enden zu können. Er hatte nur inngehalten; nicht die in ihm verstrickten Menschen, sondern er selbst, der Krieg, gleichgültig der Qual gegenüber, den verstümmelten Leibern, dem ganzen winzigen Hin- und Zurückbranden von Siegen und Niederlagen, das dem flüchtigen, unablässig wiederholten An- und Abschwirren von Insekten auf einem Dunghaufen glich, hatte er: ›Psst. Einen Augenblick Ruhe‹, den Geschützen und auch dem Gestöhn der Verwundeten zugerufen – und überall in jenem breiten, zerstörten Streifen unerlösbarer Erde (…) hatten sich die Gesichter erhoben …«

Dagegen dann Wolfs ganz andere, klare und dunkle, aber stets reflektierende, sprachliche Dichte; Faulkner ist ja immer auf der Suche nach dem Mythos, wie schon der Titel »Eine Legende« zeigt, aber beginnt nicht der Mythos bereits, wenn das Vergangene nie tot, ja nicht einmal vergangen ist, oder künden die Toten von so etwas wie Wahrheit? Nein, da ist kein Mythos in »Kindheitsmuster«, da sind nur die Trauer (aber auch die Hoffnung!) und die quälende Suche nach so etwas wie Wahrheit und nur manchmal ein flüchtiges Glück:

»Der heutige Tag ist, wie jeder Tag, auch die Spitze eines Zeitdreiecks, dessen zwei Seiten zu zwei anderen – zu beliebig vielen anderen – Daten führen: 31. August 1939. Von früh um sechs Uhr an wird zurückgeschossen. 29. Januar 1945: Ein Mädchen, Nelly, plump und steif in doppelt und dreifach übereinandergezogenen Sachen (geschichtsplump, falls dieses Wort etwas sagt), wird auf den Lastwagen gezerrt, um die in der deutschen Dichtung und im deutschen Gemüt so tief verankerte Kindheitsstätte zu verlassen.

Heute, an diesem heißen Tag, da durch die offene Balkontür das Geraschel der Pappelblätter, fernes Hundegebell und Motorengeräusch eines einzelnen Motorrades hereinkommt. Heute, da dir – ein seltenes Glück – auch das Unbedeutende nur das Gefühl steigern kann, zu leben: das Essen, der Wein am Mittag, die paar Seiten eines Buches, die Katze, das Schlagen der Uhr aus dem Zimmer, in dem H. über seinen Bildern sitzt, die Sonnenreflexe auf dem Schreibtisch. Der Schlaf nach dem Mittagessen und der zwielichtige Traum. Das Gedicht, das du liest, in dem es heißt: Hüte dich vor der Unschuld / deiner Weggenossen. Vor allem anderen aber die fünf Tagesstunden über diesen Seiten, der feste Kern eines jeden Tages, vom wirklichen Leben das Wirklichste. Ohne die sich alles, Essen und Trinken, Liebe, Schlaf und Traum in rasender, angstvoller Eile entwirklichen würde. Das ist richtig und soll so sein. Heute macht es dir nichts aus, dir jenen bitterkalten Januartag zurückzurufen.«

Sprachen wir in den Seminaren von Professor Hartinger über Christa Wolfs Schatten-und-Bilder-Prosa?

(»Nicht daß es keine Bilder mehr gäbe: Blitzlichtaufnahmen, auch Abfolgen. Aber ihre Leuchtkraft hat nachgelassen, als seien die Farben der Wirklichkeit nicht mehr von der gleichen Qualität wie früher.«) War Christa Wolf in irgendeiner Form gegenwärtig in diesen Jahren um 2000? Und war mir bewusst, dass der Titel meines damals bereits geplanten Wenderomans sich beinahe direkt in Wolfs berühmter Alexanderplatz-Rede vom 4. November 1989 wiederfindet? »Als wir träumten«. Wie kam es zu diesem Titel? Ich erinnere mich, dass ich Professor Hartinger, kurz vor seinem viel zu frühen Tod, als er, unübersehbar von der schweren Krankheit gezeichnet, sich auf einen Stock stützend, noch einmal zu uns Studenten auf eine Feier kam, fragte, was er denn von meinem Titel halte. Und der lautete damals noch, etwas holprig: »Alle unsere Träume«. »Nein«, sagte der sterbenskranke Professor mit immer noch leuchtenden, nein, glühenden Augen, »das ist es noch nicht, aber die Richtung, die stimmt.«

Und so dachte ich weiter, ja, *die Träume* waren die Richtung … Und lese nun, mehr als zwanzig Jahre später, noch einmal die berühmte Rede der Wolf, die ich mit Sicherheit auch damals irgendwie wahrgenommen haben muss, las ich doch beinahe alles über die Wende, über die Jahre vor und nach 1989, über meine literari-

schen Eltern und Großeltern, denn so sah ich die ost-
deutschen Dichter, denen ich entstammte:

»Die Sprache springt aus dem Ämter- und Zeitungs-
deutsch heraus, in das sie eingewickelt war, und erinnert sich ihrer Gefühlswörter. Eines davon ist ›Traum‹.
Also träumen wir mit hellwacher Vernunft.«

Es ist ein Paradox, aber sicher kein Zufall, dass der
Titel meines zweiten Romans »Im Stein«, der 2013 erschien, ebenfalls bei Christa Wolf zu finden ist. »Im
Stein« ist nämlich auch der Titel einer 1998 in einem
kleinen Verlag veröffentlichten Erzählung Wolfs. Ich
habe sie, aus Respekt oder Scham oder Scheu, nie gelesen. 1998 war auch das Jahr, in dem ich die Grundidee
zu einem Rotlicht- und Gesellschaftsroman hatte, ausgelöst durch einen Artikel in der *BILD*. Ich wusste aber,
frisch immatrikuliert am Deutschen Literaturinstitut,
dass ich erst, wenn überhaupt, Jahre später in der Lage
sein würde, dieses Vorhaben umzusetzen.

Nach Christa Wolfs Erzählung »Im Stein« wurde
später auch ein Hörspiel produziert, und da wurde mir
zum ersten Mal bewusst, dass der Titel schon existierte.
Ich näherte mich dem »Im Stein« meines Romans aber
über einen Dialog, den ich in Hubert Fichtes Roman
»Die Palette« fand, und über die Formulierung eines
Wiener Rotlichtmannes, der, wenn er vom Gefängnis
sprach, immer nur »Stein« sagte, er müsse »nach Stein«

oder »in den Stein«, er wäre »im Stein« und so weiter, weil sich im Kremser Stadtteil Stein ein großes Gefängnis befand, in das der Rotlichtmann immer wieder einfuhr, das waren seine Muster. In Stein fand auch 1945 das Massaker statt, das anfangs noch in meinem Roman erwähnt wurde, dann aber meinen Kürzungen zum Opfer fiel. Ja, zum Opfer fiel. Vielleicht wäre eine Reflexion über den Titel, ganz nach dem Vorbild der essayistischen Erzählstränge in »Kindheitsmuster«, angebracht gewesen. War doch das Massaker von Stein der Auftakt zu einer Serie von Unmenschlichkeiten, die jenen in diesem Stein angetan wurden, so wie auch in meinem:

Weil die Sowjetarmee Anfang April 1945 schon vor den Toren der Stadt Krems stand, entschloss sich der Anstaltsleiter, einen Großteil der Häftlinge zu entlassen. Der Kremser NSDAP passte das aber nicht, worauf sie zwischen zweihundert und dreihundert der Häftlinge erschießen ließ, teilweise nach üblen Jagdszenen, den Gefängnisdirektor gleich mit. Im Sommer 2001 kamen in Stein fünf Häftlinge ums Leben, weil sie in einem überheizten Raum auf sogenannten Gurtenbetten fixiert waren … Was das mit Christa Wolf und »Kindheitsmuster« zu tun hat? Reflexionsbrücken der Autorin wölben sich in und über den Text, *Kindheitsmuster, Menschheitsmuster,* die Kriege dringen ein und

brechen alle Brücken hinter sich ab. Wie in Uwe Johnsons »Jahrestage« ist Vietnam gegenwärtig. Während
die Sowjetunion verwüstet wird, die Rote Armee Richtung Deutschland vordringt, die KZs befreit … »Unsere Heimat, das sind nicht nur die Städte und Dörfer /
unsere Heimat, das sind auch …«

Kürzlich sprach ich mit einer Programmredakteurin
oder einer Produktionsredakteurin des MDR über die
Möglichkeit eines Christa-Wolf-Mehrteilers. Oder nur
eines Spielfilms? Die Idee meiner großen Ostschrift-
steller-Soap kam nicht so gut an. Wahrscheinlich einfach nur zu aufwendig!

Die »Kindheitsmuster« aber sind eigentlich ein
wesentlicher Bestandteil eines großen Christa-Wolf-
Films. Da bricht sie auf, die Familie, zu Beginn, fährt
aus der Gegenwart in die Vergangenheit und wieder
zurück. Roadmovie. Aber es wird auch ihr literarischer
Werdegang geschildert, in meinem Wolf-Zweiteiler,
anders als in »Kindheitsmuster«, das eben doch, trotz
der Wolf'schen Weigerung, ein Roman ist! Guter Titel übrigens. Also »Kindheitsmuster«. Einfach, prosa-
isch, mehrdeutig. 9 von 10 Punkten. Auch »Der geteilte
Himmel« bekommt nahezu volle Punktzahl. »Kein Ort.
Nirgends« ist auch gut, aber schwer, etwas zu artifizi-
ell durch den Punkt im Titel. Und »Nachdenken über

Christa T.«? Meiner Meinung nach das zweite Buch, das die Zeit überdauert hat, immer noch zu uns spricht. Die doppelte Christa fällt natürlich erst mal auf. Macht aber irgendwie nichts. Nachdenken ist immer gut. Und deutet das Fragmentarische des kleinen Romans schon im Titel an …

Wie gerne hätte ich Christa Wolf gefragt, ob ich ihren Titel »Im Stein« für einen Roman verwenden dürfte, wie gern hätte ich mir ihre Erlaubnis eingeholt. Ihre Stimme hätte, so oder so, gezählt. Ich wäre unter das schattige Tor getreten, so wie das Kürdchen im Märchen »Die Gänsemagd«.

»O du Falada, da du hangest.« Und der an die Mauer geschlagene Pferdekopf hätte geantwortet: »O du Jungfer Königin, da du gangest, / wenn das deine Mutter wüßte, / ihr Herz tät ihr zerspringen.«

(Zwischengedanke zum Zwischenspiel: »Kindheitsmuster« ist eine fast schon pathologische Selbstbefragung, die auch vor der Aufspaltung der Persönlichkeit nicht haltmacht. Falsche Braut, Königin, Kürdchen und wehendes Windchen, Orakel an der Wand unterm dunklen Tor, gestohlene Identitäten, Schätze, die verloren sind, das tote sprechende Pferd, der Kopf, der Wind, die Wunde …)

War Christa Wolf in irgendeiner Form gegenwärtig an unserem Institut in den Jahren um 2000? Und beinahe noch wichtiger, ist sie es heute? Und wie ließe sich's herausfinden?

Ein Seminar abhalten über die »Kindheitsmuster« und die Möglichkeiten des Romans.

Ein Seminar abhalten über Spuren der DDR-Literatur.

Ein Seminar abhalten über den Topos des Krieges in der deutschen Literatur nach 1945.

Ein Seminar abhalten über die Möglichkeiten eines biografischen Erzählens und wie sich das immer wieder selbst unterläuft, weil (rein) biografisches Erzählen doch gar nicht möglich sein *kann*?

Ein Seminar abhalten über die ungeheure Möglichkeit, einen biografischen Roman ohne ein ICH zu schreiben, SIE und DU.

Ein Seminar abhalten über das Erzählen von Zeitgeschichte, was ist das? Und wie mache ich das mit Pathos und vor allem ohne Pathos?

Ein Seminar abhalten über die Leipziger Poetikvorlesungen »… diese Stunde gehört den Autoren«.

Ein Seminar abhalten über die Suche nach einer deutschen Moderne. Sozialistischer Realismus vs. sozialistische Avantgarde. Gab es das? (Und wie unterschied sich eine mögliche sozialistische Moderne, die ja aufgrund einer real existierenden Zensur andere Wege eingeschlagen haben muss, von einer Moderne der BRD-Literatur?) Was war die sächsische Dichterschule? Wie schrieb Christa Wolf? Wunde Heine, Wunde Hilbig, Wunde Wolf? (Dazu später mehr beziehungsweise, hatten wir es schon. Wolfs Prosa ist Heines Feuilletonismus nicht unähnlich, nur dunkler, o, so viel dunkler.)

War Christa Wolfs Prosa in irgendeiner Form gegenwärtig in den Jahren um 2000? Wenn ich jetzt, im Frühjahr 2022, bei Google schaue, wann denn der Professor Hartinger genau gestorben ist, finde ich tatsächlich einen Eintrag, der ihn als lebendig ausgibt. Er sei nun dreiundachtzig Jahre alt. *Die Toten bleiben jung.* Über Anna Seghers' »Die Toten bleiben jung« sprachen wir oft mit unserem Professor.

Nun ist es bemerkenswert, dass Hartinger seine Poetikvorlesungen 1989/90 in demselben Hörsaal der Karl-Marx-Universität veranstaltete, in dem auch der legendäre Professor Hans Mayer, den wir schon aus dem ersten Kapitel kennen, bis 1963 seine Vorlesungen hielt, die Joyce, Kafka, Proust, DosPassos, Döblin, aber auch die Expressionisten und Surrealisten in Umlauf brachten. Die Bude war jedes Mal voll, man muss wissen, dass in der DDR damals noch bestimmte Teile der klassischen Moderne als dekadent eingestuft und auch nicht verlegt wurden. Georg Lukács prägte ja lange die Haltung zur sogenannten klassischen Moderne:

»Zu Joyce oder zu anderen Vertretern der ›avantgardistischen‹ Literatur führt nur eine ganz enge Pforte; man muss einen bestimmten ›Kniff heraushaben‹, um überhaupt zu verstehen, was dort gespielt wird. Und während bei dem großen Realismus der leichtere Zugang auch eine reiche menschliche Ausbeute ergibt, können die breiten Massen des Volkes aus der ›avantgardistischen Literatur‹ nichts lernen.«

(So Lukács. Was hätte der alte marxistische Schulmeister wohl zu »Kindheitsmuster« gesagt? Dort klingt ja die Moderne zumindest an, Perspektivwechsel, In- und Auseinanderfließen von Zeit und Raum, das hatten wir ja alles schon festgestellt, aber: *Der Text ist die Werkstatt!* Ist wohl ein Mantra für die »Kindheitsmuster«, die dann doch vom festigenden Rahmen eines Realismus zusammengehalten werden, vielleicht eines essayistischen Realismus … Was also hätte der alte kluge Lehrmeister, der am Ende seines Lebens seine marxistischen Dogmen hinterfragte und auch ablegte, zu diesem Roman gesagt? Ich stelle fest, dass ich unzählige Bände von Lukács in meiner Bibliothek stehen habe, teilweise schöne und seltene Erstausgaben, bin sogar ein wenig erschrocken darüber. Aber der Alte hat mich gelehrt, die großen Realisten zu verstehen, man muss nur diese ganze Ideologie ausblenden, vielleicht auch bloß die halbe. Lukács jedenfalls war, auch wenn er lange in der Vorstellung gefangen war, die Literatur müsse der Sache dienen, ein großer Denker und Literaturphilosoph, der sich selbst beschränkte, zum Ende seines Lebens aber vernünftig wurde.)

Hans Mayer aber zog die die Bögen vom Realismus bis zur Moderne. Zog sie so lange, bis er, obwohl ja Kommunist (vielleicht eher Antifaschist), die sozialistische Kleingeisterei nicht mehr aushielt und in den Westen ging. (Auch der berühmte Philosoph Ernst Bloch unterrichtete beinahe zeitgleich an der Karl-Marx-Universität. Aber selbst der Weltruhm seines Werkes »Das Prinzip Hoffnung« hielt die Apparatschiks nicht davon ab, ihn zu schmähen und aus Leipzig gen Westen zu vertreiben. Was für große Geister hätten an den sozialistischen Universitäten lehren können ...)

Christa Wolf war eine Schülerin Hans Mayers. Schrieb ihre Abschlussarbeit über Fallada. Beide, Mayer und Wolf, glaubten an das Prinzip Hoffnung. Warum aber Mayer in seinem bei Suhrkamp erschienenen schon erwähnten Buch »Der Turm von Babel«, einem unfassbar intelligenten Standardwerk (nix Standard. De luxe!), über die Kultur und Literatur und die

Geheimnisse der DDR Christa Wolf nur am Rande erwähnt, erschließt sich mir nicht.

Mayer, Hans. Kommunist, Literaturwissenschaftler, Essayist, Universalgelehrter. Hörte gern Wagner. Erwähnte Christa Wolf in »Der Turm von Babel« nur am Rande. Wurde von Fritz J. Raddatz, der bereits oben auftaucht, in dessen Erinnerungsbänden zum Intimfeind erkoren. Beziehungsweise gebärdete er sich laut Raddatz so unmöglich, dass er, also Raddatz, nur noch mit Spott und Ablehnung reagieren konnte. Dabei waren sie einmal Freunde gewesen. (Wird auf jeden Fall für unsere geplante Soap verwendet!) Wahrscheinlich liebten sie einander groß und tragisch, konnten sich das aber nicht eingestehen (auch großes Soap-Potenzial!).

Anna Seghers und Hans Mayer baldowerten 1956 den Plan aus, Georg Lukács aus den Wirren des Ungarnaufstandes in die DDR zu holen. Lukács war von den Aufständischen als Kulturminister vorgesehen, die sowjetischen Panzer rollten schon durch Budapest, und Anna und Hans fürchteten um Lukács' Leben. Walter Janka, der Aufbau-Verleger, der schon wenig später eingeknastet wurde wegen nichts, sollte der ausführende Agent sein, weil: Er war ja Spanienkämpfer und kampferprobt. Eine Pistole war schon unter dem Fahrersitz von Jankas Dienstwagen deponiert worden, die Visa und Ausweise besorgt, aber die ganze Sache wurde von höchster Stelle dann doch abgeblasen (findet in unserer Soap dennoch statt). Seghers soll im folgenden Janka-Prozess reglos und schweigend in den Reihen gesessen haben. Was haben sie nur mit euch gemacht, was habt ihr nur mit euch gemacht?

»Liebe Anna, (…) Du schreibst, daß Du mal von mir geträumt hast, hättest mich an einem fremden Strand gesehen (…), und Du wundertest Dich, was ich dort will. Nun, ich verstehe schon, wie solche Träume zustande kommen, aber ich werde sicherlich nicht an fremden Stränden sein, so schön ist's ja da nun auch wieder nicht. – Ich habe oft von Dir geträumt, jetzt nicht, aber ich denke sehr viel an Dich, eigentlich schreibe ich Dir nur, damit Du das weißt. (…) Deine Christa.«

Girls, die. Ganz wichtiges Element unserer großen DDR-Literatur-Soap. Die Girls werden angeführt von der schon greisen Anna Seghers, die aber nur im Hintergrund agiert und später auch ganz verschwindet, weil die Girls zu viel Remmidemmi machen. Die Girls, das sind außerdem: die zu früh verstorbene Brigitte Reimann, die alle Männer in der Soap verrückt macht, und das zu Recht. Und die Zauberin Irmtraud

Morgner, die in ihrem im wahrsten Sinne des Wortes fantastischen Montageroman »Leben und Abenteuer der Trobadora Beatriz nach Zeugnissen ihrer Spielfrau Laura« eine Trobadora Beatriz aus dem Mittelalter in die DDR versetzt und dort an sozialistischen Frauenfragen schier verzweifeln lässt. Morgner weigert sich später in der Soap, einer Gruppierung namens »Die Girls« anzugehören. Und so werden aus ihnen »Die Kassandren«. Auch *die Helgas* zählen zu den »Girls«, verwirren aber alle, weil keiner genau weiß, wie viele Helgas es denn nun genau sind. Königsdorf. Schütz. Schubert. Fehlt da wer? Helga Hahnemann! Nee, oder sagen wir: auch. Natürlich gab's noch die vierte Helga (die fünfte, mit der großen Entertainerin Hahnemann!), Helga M. Novak, die schon 1966 aus der DDR ausgebürgert wurde. O du schreckliche, nicht enden wollende Soap ...

Junge Engel, der. Ronald M. Schernikau. Darf hier nicht fehlen, kam aus dem Westen in die DDR, aber so einfach ist es nicht, weil er in Magdeburg zur Welt kam. Schwul, Kommunist. Auf ihn trifft zu, was die Wolf in ihrer Laudatio zu Thomas Brasch schrieb, den sie in Bezug zu Kleist setzte: »Der Riss der Zeit, der durch den Mann geht.« Schernikau studierte Ende der 80er am Literaturinstitut in Leipzig. Enkel und Engel der

Wolf zugleich. Arbeitete sich im besten Sinne an ihr ab, unter anderem in »Die Tage in L«. Fragt polemisch, warum die Wolf den Nobelpreis bekommen wird und nicht die Morgner *(siehe Girls, die)*. Schreibt permanent klein. Blickt aus der DDR und als Fremder auf die DDR-Literatur, extrem hellsichtig, extrem polemisch:

»1986, 1987 und 1988 bekommen nacheinander christa wolf, heiner müller und volker braun von der regierung der ddr jeweils 100 000 m geschenkt, mit einer büroklammer drangeheftet den nationalpreis 1. klasse. zum dank veröffentlichen sie jeder ein buch ganz allein im westen, und zwar aufsätze und reden. alle drei. – was ich sagen will: natürlich wird die ddr demnächst damit anfangen, ihre autoren zur kenntnis zu nehmen; alles andere wäre albern. aber ist nicht ihr bemühen wirklich rührend, probleme lieber zu ignorieren statt wenigstens erstmal auszuhalten?«

Wäre zur Wolf gegangen, in den Jahren ihres Schweigens und Leidens wegen der IM-Margarete-Situation. War da aber leider schon tot. Großer und tragischer *What-if*-Faktor in unserer Soap.

Träume, die. Wer träumte von wem? Wer träumte … Albträume? Der Traum von einer reformierten Deutschen Demokratischen Republik muss noch ganz präsent gewesen sein im November 1989, als Christa Wolf, eingeladen von Professor Hartinger, an die Karl-Marx-Universität kam. Und von einem Traum kündete auch jener Titel der Poetikvorlesungen, der aber schöner nicht sein konnte in seiner Vision und seiner Hoffnung, die wir Jünger der Literatur heute noch hegen: »… diese Stunde gehört den Autoren«.

Der erste Satz ihrer Vorlesung, in der sie sich erneut als eine sehende (und fürchtende) Kassandra zeigte, lautete so: »Ich glaube, heute muss niemandem gedankt werden, der nach Leipzig geht, wo sollte man denn sonst hingehen, wenn nicht nach Leipzig.« So war das im Herbst 1989. Doch dann, in den wilden 90ern, wollte kaum noch jemand nach Leipzig, zu dunkel die Stadt, zu viel Gewalt. Der wieder nach Leipzig zurückgekehrte Schriftsteller Erich Loest besuchte uns in diesen Jahren am wiedereröffneten Institut (für diese eigene Instituts-Soap fehlt uns hier der Platz, Heiner Lauterbach spielt Institutsleiter Haslinger), hielt einen Vortrag, diskutierte mit den Studenten, und auch Christoph Hein kam. Aber von Wolf keine Spur mehr, als wäre sie, wie auch die Vorlesungen, die unser Professor vor gerade einmal zehn Jahren im wahrsten Sinne des Wortes ins Leben gerufen hatte, aus dem Gedächtnis unserer Zeit verschwunden, aus unserem Gedächtnis …

Aber Professor Hartinger war doch da! Und mit ihm die Tradition und Moderne und Hoffnungswilligkeit dieser Literatur. Der Professor empfahl mir eindringlich, Irmtraud Morgner zu lesen. Ihre Romane »Leben und Abenteuer der Trobadora Beatriz« (hatten wir schon?) und »Amanda – ein Hexenroman« wären Beispiele für die Form der Montage, er spürte, in der Kenntnis einiger meiner kurzen Texte, die dann dank ihm Kapitel des ersten Romans werden sollten, dass ich auf der Suche nach einem magischen, fast surrealen Realismus war, dass die Gebrochenheit der Form der Weg meines Stoffs sein musste. War das nicht ein bewundernswert klassenloses (und klassenbewusstes!) Denken, die Vorurteilsfreiheit des sozialistisch geprägten Literaturwissenschaftlers, der sich auch immer dem Leben in all seiner sozialen Problematik, dem scheinbar Einfachen, verbunden fühlte? Wahrscheinlich waren ihm meine Antihelden sympathisch, immerhin waren sie unpolitisch, schlugen sich mit Neonazis, zu denen sie nicht gehören wollten, bei aller Verlockung der Macht, die diese auf der Straße hatten …

Als Christa Wolf sich im Herbst 1989 auf den Weg nach Leipzig machte, war der Begriff der »Heldenstadt« noch nicht geboren (wann geschah das, als die Helden abdankten?), anderes bahnte sich den Weg, »der

Schoß ist fruchtbar noch, aus dem das kroch«, um wieder einmal Brecht ins Spiel zu bringen. Wolf erwähnt es in ihrer beinahe epischen Poetikvorlesung, in der sie versucht, die rasende Zeit jener Tage und Wochen zu bannen, sie schildert ihre Angst, dass es wieder Hakenkreuze auf Fahnen und Wänden geben könnte: »Wird dringlich genug nach den Gründen gefragt, die diese Enkel in revanchistische und nationalistische Organisationen treiben?« Auch in »Kindheitsmuster« gibt es eine Stelle, an der die Erzählerin diese Angst schildert mit Blick auch auf die damalige BRD, aber lange bevor es erste Neonazis in der DDR gab. Eine Angst, die sich aus dem eigenen Verhalten speiste, Wolf weiß, wie das Gift der Nazis wirken kann:

»Unmittelbar betroffen hätte Nelly jene Erklärung des Führers, die den Verlust des Krieges mit dem Untergang des Volkes gleichsetzte: Da die Besten gefallen seien, brauche man auf die Minderwertigen, die übrigblieben, keine Rücksicht mehr zu nehmen. Inzwischen überlegte Nelly bei sich, wie sie sich einer Werwolf-Gruppe anschließen könne, von denen man jetzt munkelte: Ein Zeichen dafür, daß sie sich der wirklichen Lage durch Verzweiflungstaten zu entziehen wünschte.«

Als der NSU sich am 4. November 2011 selbst enttarnte, Enkel, hatte Christa Wolf nur noch wenige

Wochen zu leben. Wie hätte sie reagiert? Ihre Erschütterung über die neonazistischen Gewalttaten der frühen 90er lesen wir in »Stadt der Engel«. Was waren die Kindheitsmuster des NSU? Die ja zum Teil in der DDR verliefen? *Die Mörder sind unter uns.*

Beinahe hilflos schaue ich nun wieder auf mein Fensterbrett, wo ja immer noch, nach all den Wochen und Monaten, der bronzene Kopf steht und schweigt und lächelt. Und da fällt mir wieder das Gedicht von Louis Fürnberg ein, das immer wieder in diesem Text kurz aufleuchtete, vielleicht wird es dir gerechter, dass es nun so endet, mit diesem Epilog, und nie endet, vielleicht wäre es in deinem Sinne, dass ich es nun zitiere, deinem Atem zu:

> Wenn ich einmal heimgeh,
> dorthin, woher ich kam,
> aus den Tiefen der Wälder
> und hinter den Urnebeln hervor,
> wird mein Heimweh nach der Erde
> nicht geringer sein.
> Ich werde keine Ruhe finden
> und mit dem Staub kämpfen,
> der tun wird, als wäre er meinesgleichen.

Mit den ersten Schneeglöckchen werde ich
auf den Wiesen stehn,
die noch gelb sind vom Winter.
Mit den Maulwürfen
werde ich die Erde aufbrechen über mir.

Wenn ich einmal heimgeh,
dorthin, woher ich kam,
werde ich ein Fremder sein
an meinem Ursprung.

1929 18. März, Geburt in Landsberg an der Warthe,
heute: Gorzów Wielkopolski (Polen)

1947 Umzug der Familie nach Bad Frankenhausen

1949 Studium der Germanistik in Jena

1951 Wechsel an die Universität Leipzig

1953 Staatsexamen und Diplomarbeit bei
Prof. Hans Mayer
Umzug nach Berlin Karlshorst

1959 Umzug nach Halle (Saale)
Kontaktaufnahme durch das Ministerium für
Staatssicherheit, bis 1962 wird Christa Wolf als
»GI« geführt

1961 Die *Moskauer Novelle* erscheint

1962 Umzug nach Kleinmachnow bei Potsdam

1963 *Der geteilte Himmel* erscheint

1965 11. Plenum des ZK der SED (sogenanntes »Kahlschlagplenum«)

1968 *Nachdenken über Christa T.* erscheint

1976 Umzug nach Berlin
Ausbürgerung von Wolf Biermann aus der DDR, Christa Wolf ist Mitverfasserin der Protesterklärung
Kindheitsmuster erscheint

1979 *Kein Ort. Nirgends* erscheint

1980 Christa Wolf erhält den Georg-Büchner-Preis

1983 *Kassandra* erscheint

1989 4. November, Rede auf dem Alexanderplatz

1990 *Was bleibt* erscheint, der sogenannte deutsch-deutsche Literaturstreit entbrennt

1996 *Medea. Stimmen* erscheint

2010 *Stadt der Engel oder The Overcoat of Dr. Freud* erscheint

2011 1. Dezember, in Berlin verstorben

TEIL 1: O DU FALADA, DA DU HANGEST

S. 11
Bertolt Brecht, An die Nachgeborenen, aus: Bertolt
Brecht, Ausgewählte Werke in sechs Bänden, Band 3:
Gedichte. Suhrkamp Verlag 1997, S. 351

S. 11
Johann Wolfgang Goethe, Faust, aus: Johann
Wolfgang Goethe, Sämtliche Werke. Hrsg. von
Albrecht Schöne, Band 7/1: Texte. Deutscher
Klassiker Verlag 1994, S. 76

S. 12
Louis Fürnberg, Epilog, aus: Louis Fürnberg,
Lebenslied. Ausgewählte Gedichte. Hrsg. von
Gerhard Wolf und Alena Fürnberg. Faber & Faber
Verlag 2009, S. 108

S. 14
Christa Wolf, Der geteilte Himmel. Suhrkamp
Verlag 2008, S. 11

S. 18

Christa Wolf, Man steht sehr bequem zwischen allen Fronten. Suhrkamp Verlag 2016, S. 197

S. 19

Christa Wolf, Moskauer Novelle. Aus: Christa Wolf, Die Lust, gekannt zu sein. Erzählungen 1960–1980. Suhrkamp Verlag 2008, S. 9

S. 21

Christa Wolf, Moskauer Novelle. Aus: Christa Wolf, Die Lust, gekannt zu sein. Erzählungen 1960–1980. Suhrkamp Verlag 2008, S. 9/10

S. 24

Wolfgang Hilbig, das ende der jugend, aus: Wolfgang Hilbig, Werke. Hrsg. von Jörg Bong, Jürgen Hosemann und Oliver Vogel, Band 1: Gedichte. S. Fischer Verlag 2008, S. 52

S. 25

Christa Wolf, Man steht sehr bequem zwischen allen Fronten. Suhrkamp Verlag 2016, S. 496

S. 28

Heiner Müller, Ich bin der Engel der Verzweiflung, aus: Heiner Müller, Werke. Hrsg. von Frank Hörnigk, Band 1: Die Gedichte. Suhrkamp Verlag 1998, S. 212

S. 29
Wolf Biermann, Ermutigung, 1973

S. 30
Christa Wolf, Kindheitsmuster, Luchterhand
Literaturverlag 1999, 2002, S. 443

S. 33
Christa Wolf, Kindheitsmuster, Luchterhand
Literaturverlag 1999, 2002, S. 396

S. 33/34
Christa Wolf, Kindheitsmuster, Luchterhand
Literaturverlag 1999, 2002, S. 558

S. 34
Christa Wolf, Franz Fühmann, Monsieur, wir finden
uns wieder. Hrsg. von Angela Drescher. Brief vom
20.6.1978. Aufbau Verlag 1995, 2022

S. 38
Johannes R. Becher, Turm von Babel, aus: Johannes
R. Becher: Gesammelte Werke. Band 6: Gedichte
1949–1958. Aufbau Verlag 1973, 2008, S. 40

S. 39/40
Franz Fühmann, Im Berg. Hinstorff Verlag 1991

S. 44
Christa Wolf, Kindheitsmuster, Luchterhand
Literaturverlag 1999, 2002, S. 221

S. 44/45
Christa Wolf, Kindheitsmuster Luchterhand
Literaturverlag 1999, 2002, S. 317/318

S. 47
Fritz J. Raddatz, Hermann Kants Mimikry, aus: Die
ZEIT vom 2. April 1993

S. 48/49
Werner Heiduczek, Jeder ist sich selbst der Fernste.
Plöttner Verlag 2010, S. 135/136.

S. 49/50
Hermann Kant, Der Aufenthalt, Aufbau Verlag 1977,
2021, S. 19

S. 52/53
Fritz J. Raddatz, Salto in die Sprache der Dinge,
aus: Die ZEIT vom 10. Juni 1977

S. 55/56
Werner Heiduczek, Tod am Meer, Aufbau
Taschenbuch Verlag 1999, S. 77

S. 57
Erik Neutsch, Auf der Suche nach Gatt.
Mitteldeutscher Verlag 1973, S. 6

S. 58
Werner Heiduczek, Tod am Meer, Aufbau
Taschenbuch Verlag 1999, S. 22

S. 59/60
Karl-Heinz Jakobs, Beschreibung eines Sommers,
Verlag Neues Leben 1961, 1979, S. 5

S. 63
Christa Wolf, Stadt der Engel oder The Overcoat of
Dr. Freud. Suhrkamp Verlag 2011, 2018, S. 413

S. 64/65
Christa Wolf, Man steht sehr bequem zwischen allen
Fronten. Suhrkamp Verlag 2016, S. 348/349

S. 67
Christa Wolf, Nachdenken über Christa T.
Suhrkamp Verlag 2007, S. 74

S. 67/68
Christa Wolf, Nachdenken über Christa T.
Suhrkamp Verlag 2007, S. 46

TEIL 2: DAS VERGANGENE IST NICHT TOT

S. 70
Christa Wolf, Kindheitsmuster, Luchterhand
Literaturverlag 1999, 2002, S. 240

S. 70/71
Christa Wolf, Kindheitsmuster, Luchterhand
Literaturverlag 1999, 2002, S. 240/241

STIMMEN. EIN ZWISCHENSPIEL

S. 72/73
Christa Wolf, Kindheitsmuster, Luchterhand
Literaturverlag 1999, 2002, S. 468/469

S. 74
Christa Wolf, Kindheitsmuster, Luchterhand
Literaturverlag 1999, 2002, S. 548

TEIL 3: ENKEL

S. 78/79
Clemens Meyer, Als wir träumten. S. Fischer Verlag
2006, S. 7

S. 79/80
William Faulkner, Eine Legende, Verlag Volk und
Welt 1963, S. 154

S. 80/81
Christa Wolf, Kindheitsmuster, Luchterhand
Literaturverlag 1999, 2002, S. 414/415

S. 82
Christa Wolf, Kindheitsmuster, Luchterhand
Literaturverlag 1999, 2002, S. 488

S. 89
Georg Lúkacs, Es geht um den Realismus, aus:
Georg Lúkacs, Texte zum Theater. Theater der Zeit
2021, S. 149

S. 92
Christa Wolf, Man steht sehr bequem zwischen allen
Fronten. Suhrkamp Verlag 2016, S. 323

S. 94
Ronald M. Schernikau, Die Tage in L, Konkret
Literatur Verlag 2001, 2009, S. 183

S. 96/97
Bertolt Brecht, Der Aufstieg des Arturo Ui, aus:
Bertolt Brecht, Ausgewählte Werke in sechs Bänden,
Band 2: Stücke. Suhrkamp Verlag 1997, S. 494

S. 97
Christa Wolf, Kindheitsmuster, Luchterhand
Literaturverlag 1999, 2002, S. 442

S. 98/99
Louis Fürnberg, Epilog, aus: Lebenslied.
Ausgewählte Gedichte. Hrsg. von Gerhard Wolf und
Alena Fürnberg. Faber & Faber Verlag 2009, S. 108

1. Auflage 2023

*© 2023, Verlag Kiepenheuer & Witsch, Köln
Alle Rechte vorbehalten
Covergestaltung: Barbara Thoben, Köln
Covermotiv: © plainpicture/Tim Robinson
Gesetzt aus der Minion Pro und der Trade Gothic
Satz: Buch-Werkstatt GmbH, Bad Aibling
Druck und Bindung: CPI books GmbH, Leck
ISBN 978-3-462-00416-8*

»Bücher meines Lebens«: Bücher, die das Leben verändern können. Herausgegeben und ausgewählt von Volker Weidermann.

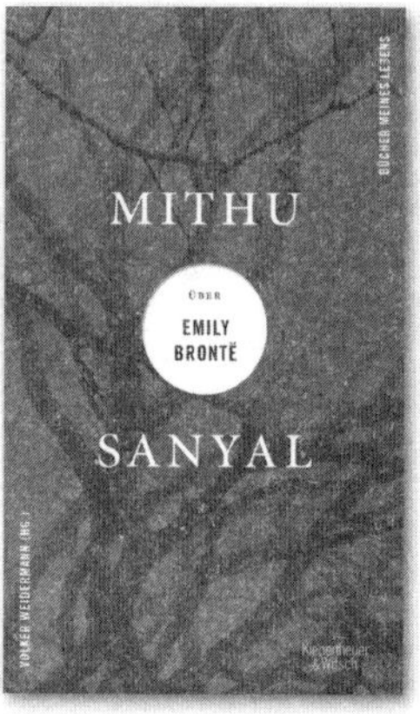